Gisela Osterhold / Susanne T. Hansen

Karriere ab 45

Gisela Osterhold / Susanne T. Hansen

Karriere ab 45

Und jetzt erst recht:
Start zum beruflichen Aufbruch

Bibliografische Information Der Deutschen Bibliothek
Die Deutsche Bibliothek verzeichnet diese Publikation in der Deutschen
Nationalbibliografie; detaillierte bibliografische Daten sind im Internet über
<http://dnb.ddb.de> abrufbar.

1. Auflage Januar 2003

Alle Rechte vorbehalten
© Betriebswirtschaftlicher Verlag Dr. Th. Gabler GmbH, Wiesbaden 2003
Softcover reprint of the hardcover 1st edition 2003

Lektorat: Ulrike M. Vetter

Der Gabler Verlag ist ein Unternehmen der Fachverlagsgruppe BertelsmannSpringer.
www.gabler.de

Das Werk einschließlich aller seiner Teile ist urheberrechtlich geschützt. Jede Verwertung außerhalb der engen Grenzen des Urheberrechtsgesetzes ist ohne Zustimmung des Verlags unzulässig und strafbar. Das gilt insbesondere für Vervielfältigungen, Übersetzungen, Mikroverfilmungen und die Einspeicherung und Verarbeitung in elektronischen Systemen.

Die Wiedergabe von Gebrauchsnamen, Handelsnamen, Warenbezeichnungen usw. in diesem Werk berechtigt auch ohne besondere Kennzeichnung nicht zu der Annahme, dass solche Namen im Sinne der Warenzeichen- und Markenschutz-Gesetzgebung als frei zu betrachten wären und daher von jedermann benutzt werden dürften.

Umschlaggestaltung: Nina Faber de.sign, Wiesbaden
Satz: Fotosatz-Service Köhler GmbH, Würzburg
Druck und buchbinderische Verarbeitung: Wilhelm & Adam, Heusenstamm
Gedruckt auf säurefreiem und chlorfrei gebleichtem Papier.

ISBN-13:978-3-322-84506-1   e-ISBN-13:978-3-322-84505-4
DOI: 10.1007/978-3-322-84505-4

Situationsanalyse:
Wo stehen Sie derzeit?

Sie sind endlich wieder im Kommen, die Manager ab 45! In den vergangenen Jahren noch unter Rationalisierungsdruck und einer jugendzentrierten Personalpolitik großflächig von ihren Arbeitsplätzen verbannt, erleben wir heute eine Renaissance der Erfahrung.

In den Unternehmensspitzen setzt sich die Erkenntnis durch, dass die komplexen Aufgaben der Zukunft nur mit vielfältig zusammengesetzten Teams zu lösen sind: „Diversity" ist angesagt, hoch lebe der Mix aus Frau und Mann, aus Alt und Jung. Parallel dazu eröffnen Strukturveränderungen in der Arbeitswelt „zweite Chancen und dritte Optionen", aus Hobbys werden Berufe.

Dieser Trend sowie die demografische Entwicklung, nach der in den kommenden Jahren ein Mangel an Führungskräften entstehen wird, schaffen eine ermutigende Ausgangslage für die Generation der „erwachsenen" Manager.

Die Erfolgsperspektive für Manager ab 45 kann deshalb nur heißen: Qualifikation und Kompetenz verbunden mit Lebenserfahrung offensiv als Stärke in den Arbeitsprozess einbringen, Schwächen aktiv angehen und Veränderungen offen begegnen. Leicht gesagt, wie getan?

Lassen Sie sich ein – auf sich selbst – und packen Sie Ihre Chancen mutig beim Schopf. Im Dialog mit sich selbst.

Segeln Sie wie ein Adler über die Landschaft Ihres Lebens, entwerfen Sie wie eine Designerin Ihre Zukunft, feilen Sie wie ein Handwerker an Ihrem Kompetenzprofil, trainieren Sie sich fit wie ein Zehnkämpfer und schmunzeln Sie über Fallbeispiele, in denen Sie sich ertappt fühlen.

Dafür bieten wir Ihnen in diesem „Manager Trainer" eine Mischung aus Philosophie und Praxisfällen, aus Inspirativem und Wissenswertem an. In den Aktionsplänen am Ende eines jeden Kapitels legen Sie Ihre Schritte zur Veränderung selbst konkret fest.

So wird dieses Buch zu Ihrem ganz persönlichen „Coach". Der Ratgeber ist ausdrücklich zum „Zappen" geeignet, picken Sie sich also das heraus, was für Sie Bedeutung hat. Wichtig ist nur: Lassen Sie sich auch – und gerade – auf die für Sie unbequemeren Themen ein.

Die folgende Situationsanalyse gibt Ihnen Hinweise auf Themen, die für Sie von Bedeutung sind, und verweist auf die jeweiligen Buchpassagen.

Erfolg und Spaß bei der Arbeit an Ihren Erfolgsperspektiven wünschen Ihnen

Gisela Osterhold und Susanne T. Hansen

1. Manager – beruflich und privat erfolgreich

- Sie fühlen sich heute noch durchaus leistungsfähig, machen sich aber Sorgen darüber, wie Sie zukünftig die an Sie gestellten Anforderungen noch meistern können. *(Lesen Sie mehr über Strategien und Wege, wie Sie diese oft verunsichernde „Zeit des Übergangs" positiv für sich nutzen können, um danach gestärkt in die Zukunft zu blicken.)*
- Sie empfinden Ihr Leben als zu stark fremdbestimmt statt selbstgesteuert und wissen nicht, wie Sie dies ändern können. *(Brechen Sie aus aus eingefahrenen Mustern und wagen Sie den Schritt in die Selbstverantwortung und aktive Lebensgestaltung!)*
- Sie würden gern Ihre eigenen Fehler so schnell und klar erkennen, wie Sie dies bei den Fehlern anderer können. *(Unmöglich zu erreichen? Keineswegs! Wir laden Sie ein zu einer „Reise zu sich selbst".)*

2. Die Leistungsfähigkeit von Managern ab 45

- Sie haben in Ihrem Leben schon viele Lebensumbrüche bewältigt und würden diese Erfahrungen gern stärker für die Lösung kritischer Situationen in der Gegenwart nutzen. *(Wie viel Stärke – auch für berufliche Belange – sich aus erfolgreich bewältigten „Lebenskrisen" gewinnen lässt, das haben Sie am eigenen Leib erfahren.)*
- Von Ihnen wird beruflich zunehmend die Rolle des „Unternehmers im Unternehmen" erwartet. *(Erfahren Sie mehr über den Strukturwandel in Gesellschaft und Berufsleben und darüber, wie Sie es schaffen, „Ihr eigener Unternehmer" zu werden.)*
- Flache Hierarchien in Ihrem Unternehmen verringern künftig die Möglichkeit eines nächsten Schritts auf der Karriereleiter – Sie haben für sich noch keine gleichwertige alternative Motivation gefunden. *(Fallbeispiele von ManagerInnen, die es geschafft haben, ihrem Leben eine neue Wendung zu geben, bieten anregenden Lesestoff zu diesem Thema.)*

3. Ein neues Bewusstsein entwickeln

- Es würde Ihnen Spaß machen, öfter einmal aus einem gewohnten Verhaltensmuster auszubrechen. *(Wie Sie ausgetretene Pfade hin zu mehr Kreativität verlassen können, das erfahren Sie hier.)*
- Sie verstehen sich als Teil eines Lebens- und Arbeitssystems, in dem sich alle Teile nach dem Prinzip der gegenseitigen Wechselwirkung in ihrem Sein bestimmen. *(Dieser „philosophische Blickwinkel" erfordert permanente „Kulturarbeit an uns selbst" – eine spannende Aufgabe angesichts einer sich ständig wandelnden Gesellschaft.)*
- Sie empfinden sich bisweilen von Ihrem hohen Anspruch an sich selbst blockiert. *(Beschäftigen Sie sich näher mit den Themen Selbstwahrnehmung, Akzeptanz und Blockadenabbau.)*

4. Kompetenzen für morgen

- Um für die berufliche Zukunft gut gerüstet zu sein, müssten Sie bestimmte Kompetenzen deutlich auf- und ausbauen. *(Lernen Sie die erfolgsentscheidenden Kompetenzen der Zukunft kennen, die es bei Ihnen zu aktivieren gilt, und erstellen Sie Ihr persönliches Kompetenzprofil!)*
- Manchmal verzweifeln Sie im beruflichen Alltag an der Flut neuer Vorgaben, Instrumente, Strategien und Richtlinien. *(Ein möglicher Ausweg: der Ausbau Ihrer Kompetenzen im Bereich Chaos- und Veränderungsmanagement.)*
- Sie müssten dringend in Ihr persönliches Netzwerk investieren, um in kritischen Situationen die benötigte Unterstützung abrufen zu können. *(Die besten Tipps für „Netzwerker" finden Sie hier!)*

5. Vorsicht, Falle!

- Ihr Frühwarnsystem, das Sie vor standardisierten Gefahren schützt, könnte geschärft werden. *(Lernen Sie die typischen Fallstricke bzw. „Karriere-Blocker" kennen – und vor allem vermeiden!)*
- Derzeit erleben Sie einen Wandel in der Unternehmenskultur Ihrer Firma, was Auswirkungen auf Ihr Denken und Handeln hat. *(Damit Sie diesen Wandel als Erfolg für sich verbuchen können, heißt es, ein wenig „Kulturarbeit an sich selbst" zu leisten – und dabei authentisch zu bleiben!)*
- Gern würden Sie die Ihnen zur Verfügung stehenden neuen Technologien noch konsequenter und souveräner zur Lösung Ihrer beruflichen Aufgaben einsetzen. *(Testen Sie sich selbst: Wie fit sind Sie in Sachen IT?)*

6. Selbstmarketing – Schritte zum Erfolg

- Für den Abgleich der eigenen Träume mit dem tatsächlichen Leben müssten Sie sich mehr Zeit und Muße nehmen. *(So viel sei schon verraten: Es geht um die authentische Präsentation der eigenen Person.)*
- Über eine mittelfristige Strategie und einen konkreten Trainingsplan für Ihr berufliches Fortkommen müssten Sie dringend einmal nachdenken. *(Wie die „Philosophie des Selbstmarketings" Ihnen dabei Hilfestellung leisten kann, das erfahren Sie hier.)*
- Den Ansatz eines „persönlichen Marketing-Konzepts" finden Sie sehr wichtig für sich. *(Sich selbst als „Marke von hohem Nutzen" zu präsentieren, bringt Sie beruflich ein gehöriges Stück voran.)*

7. Übergänge – auf zu neuen Ufern

- Haben Sie die Lust am Job verloren und sehen die Gefahr, dass dies erste negative Auswirkungen hat? Gleichzeitig wollen Sie Ihr Unternehmen nicht verlassen? *(Verschaffen Sie sich Klarheit darüber, was genau Sie in Ihrer Aufgabe vermissen, wie Sie fehlende Facetten selbst implantieren und dabei vielleicht sogar ungelebte Träume realisieren können.)*

- Haben Sie den Job verloren oder wollen Sie Ihr Unternehmen verlassen? Dann haben Sie erst einmal einige Hindernisse zu überwinden. *(Damit Sie den Prozess des Suchens und Findens erfolgreich bewältigen und leichtfüßig über die Hängebrücke zum neuen Ufer gelangen, lernen Sie vorher ein paar wichtige Tools kennen!)*

- Sie träumen schon länger von der beruflichen Selbständigkeit, nun wollen Sie den Sprung ins kalte Wasser antesten – oder sogar wagen? *(Setzen Sie sich auseinander mit den Chancen und Risiken Ihres mutigen Vorhabens. Hier erfahren Sie die Erfolgsfaktoren anhand eines interessanten Fallbeispiels.)*

8. Der Weg zu sich selbst

- Sie stecken momentan gerade in einer Krise und sind auf der Suche nach Lösungen. *(Die hier präsentierten Erfolg versprechenden Wege aus der Krise dürften Sie somit interessieren.)*

- Bisher haben Sie Krisen in Ihrem Leben durchaus als Schwungrad für Ihre Weiterentwicklung erlebt. *(Ähnliche Erfahrungen hat auch Frau G. gemacht, die ihre Erkrankung als Befreiungsschlag erlebte.)*

- Sie finden die in Amerika weit verbreitete Auffassung interessant, nach der eine erfolgreiche Karriere die vorangegangene Bewältigung einer beruflichen Krise voraussetzt. *(Diese Ansicht bestätigen auch die vier ManagerInnen, die hier zu Wort kommen.)*

Ihr Wegweiser durch dieses Buch

Situationsanalyse: Wo stehen Sie derzeit? _____ 5

1. **Manager – beruflich und privat erfolgreich** _____ 15
   1.1 Im Übergang gibt es keine Gewissheit _____ 15
   1.2 Ist der berufliche Zenit mit 45 schon erreicht? _____ 19
   1.3 Wege zum Erfolg _____ 25
   1.4 Menschen sind unterschiedlich _____ 27
   1.5 Vitale Zukunftsgestaltung _____ 30
   1.6 Freude an der Selbsterkenntnis _____ 32
   AKTIONSPLAN _____ 34
   Manager – beruflich und privat erfolgreich _____ 34
   So verändern Sie Ihre Einstellung zu instabilen Zeiten und bereiten sich erfolgreich auf Phasenübergänge vor _____ 34

2. **Die Leistungsfähigkeit von Managern ab 45** _____ 37
   2.1 Entwicklungsstufen und Lebensumbrüche _____ 37
   2.2 Karriereschritt, Zenit, Krise _____ 38
   2.3 Bedrohliche Schieflage _____ 47
   AKTIONSPLAN _____ 51
   Die Leistungsfähigkeit von Managern ab 45 _____ 51
   So verändern Sie Verhaltensmuster, die sich aus Bindungen und eigenen Prinzipien entwickelt haben _____ 51

3. Ein neues Bewusstsein entwickeln ... 55
3.1 Persönliche Unternehmenskultur ... 56
3.2 Persönliche Kreativität ... 59
3.3 Selbsteinschätzung fördern ... 64
AKTIONSPLAN ... 67
Ein neues Bewusstsein entwickeln ... 67
So verändern Sie Ihre „persönliche Unternehmenskultur" und steigern Ihre Kreativität ... 67

4. Kompetenzen für morgen ... 71
4.1 Neue übergreifende Kompetenzfelder ... 72
4.2 Chaos- und Veränderungskompetenz ... 73
4.3 Führen im Veränderungsprozess ... 77
4.4 Neue Instrumente für Lernen und Veränderung ... 79
4.5 Die wichtigsten Veränderungen der Arbeitswelt ... 82
4.6 Mein persönliches Kompetenzprofil ... 85
AKTIONSPLAN ... 87
Kompetenzen für morgen ... 87
So passen Sie Ihr Kompetenzprofil den Anforderungen der Zukunft an ... 87

5. Vorsicht, Falle! ... 91
5.1 Anpassen ja – aber passend! ... 91
5.2 Dein PC – das unbekannte Wesen ... 94
5.3 Der Flop von Detroit ... 102
AKTIONSPLAN ... 109
Vorsicht, Falle! ... 109
So bauen Sie ein Frühwarnsystem für „systembedingte" Fallen auf ... 109

6. Selbstmarketing – Schritte zum Erfolg ... 113
6.1 Die Philosophie des Selbstmarketings ... 113
6.2 Mein persönlicher Marketingplan ... 117
AKTIONSPLAN ... 132
Selbstmarketing – Schritte zum Erfolg ... 132
So schaffen Sie sich Ihr eigenes Marketingkonzept und werden zum Selbstunternehmer ... 132

7 Übergänge – auf zu neuen Ufern _____ 135
7.1 Job enrichment in Eigenproduktion _____ 135
7.2 Jobwechsel nach Fosbury _____ 142
7.3 Der Traum von der Selbständigkeit _____ 151
AKTIONSPLAN _____ 160
Übergänge – auf zu neuen Ufern _____ 160
So schaffen Sie eine solide Grundlage
für eine berufliche Entscheidung. _____ 160

8. Der Weg zu sich selbst _____ 165
8.1 Krisen gehören zum Leben _____ 165
8.2 Beispiele, die Mut machen _____ 172
8.3 Resümee: Krisen machen stark _____ 176
AKTIONSPLAN _____ 178
Der Weg zu sich selbst _____ 178
So erkennen Sie die positiven Seiten
der Krise und nutzen sie erfolgreich
als Chance _____ 178

Letzte Seite _____ 181
Literaturliste _____ 183
Stichwortverzeichnis _____ 185
Die Autorinnen _____ 189

1 Manager – beruflich und privat erfolgreich

Leben bedeutet Entwicklung. Unsere Entwicklung verläuft aber nicht gradlinig, sondern oft in Sprüngen, die uns von einer Lebensphase zur nächsten bringen. Diese Phasenübergänge sind von Unsicherheit und Instabilität geprägt. In diesem Kapitel erfahren Sie Grundsätzliches über den Umgang mit Veränderungen und wie Sie erfolgreich eine neue Einstellung zu Ihren Stärken und Schwächen gewinnen können.

1.1 Im Übergang gibt es keine Gewissheit

Fallbeispiel

Zeiten des Umbruchs sind oft mit Ungewissheit und Unsicherheit verbunden. Manchmal haben wir Gelegenheit, als Unternehmens-BeraterInnen ganz junge Menschen bei ihrer beruflichen Entwicklung zu beraten. So sprechen wir auch mit Florian K. über das Leben und die Zukunft. In einem Jahr wird er Abitur machen. Langsam beginnen seine Eltern und die Menschen in seinem Umfeld nachzufragen: „Und, weißt du schon, was du machen willst?" Noch hat er Zeit, aber mit jedem Tag wird diese Zeit knapper.

Vor dem Abschluss der Schule und dem Übertritt in die Berufsausbildung beginnt unbemerkt ein Drehbuch abzulaufen, das sich so oder ein bisschen anders in allen Familien abspielt. Eltern sind beruhigt und glücklich, wenn die Sprösslinge wissen, was sie wollen. Sie werden unruhig, wenn noch immer nicht wenigstens ein Entwurf für die Gestaltung der Zukunft aus dem Nebel der Lebensträume heraustritt.

Was soll man heute werden? Welche Berufe bringen langfristig Erfolg? Was kann und will ich? So viel weiß Florian: Er wird irgendwann eine Ausbildung beginnen, die zu einem Beruf

„Life is like a box of chocolate – you never know what you gonna get."
(Aus „Forrest Gump")

führt. Wann und was er genau machen wird, davon hat er noch keine Vorstellung.

Die Gesprächspartner von Florian denken bei dem Thema der persönlichen Zukunftsplanung selbst darüber nach, wie sie wurden, was sie sind. Sie erzählen Geschichten über die vielen kleinen Ereignisse, über das ewige Auf und Ab und die „Zufälle", die schließlich das Bild von heute geformt haben. Der rote Faden des durch die Verknüpfung von Ereignissen geprägten Karrierewegs ist immer erst nachträglich erkennbar.

Fallbeispiel

> Vor ein paar Wochen rief Bettina M. bei uns im Büro an. Sie suchte Rat. Das Studium der Psychologie liegt erfolgreich hinter ihr. Die Schule und das Studium hat sie ohne Unterbrechungen durchgezogen. Jetzt hat sie viele Bewerbungen verschickt und wartet auf Reaktionen. In die Freude auf den beruflichen Start mischt sich Ängstlichkeit: „Hoffentlich antworten die Richtigen, und hoffentlich finde ich bald einen Arbeitsplatz!" Als ein paar Tage später die ersten Einladungen zu Vorstellungsgesprächen eintreffen, hat sie Mut zu den Fragen, die sie aktuell bewegen: Wie viel Zeit für die Suche darf ich mir lassen? Bis wann muss ich mich entschieden haben? Welches Angebot passt zu mir?

Zeiten des Umbruchs sind Zeiten der Ungewissheit und der Unsicherheit. Und genau deshalb mögen wir solche Zeiten nicht. Wir lernen sie erst wieder zu schätzen, wenn wir sie durchgestanden haben.

Für Florian K. und Bettina M. stehen nicht nur die aktuellen Entscheidungen an, was sie werden wollen oder welche Arbeitsstelle sie annehmen sollen, sondern ihre ganze Lebensplanung scheint von diesen Fragen abhängig zu sein. Schaut man auf Biografien von besonders erfolgreichen Menschen, dann sind keine Fallstudien im Sinne von „so macht man es" erkennbar. Es gibt sehr viele Möglichkeiten, seinen Weg zu finden: steinige Wege, Zickzack-Wege, gerade Wege. Zeitungen, Magazine und Bücher sind voll von interessanten Lebensberichten. Es sind alles Versuche, das Leben zu gestalten, „hin" zu etwas oder manchmal auch „weg" von etwas zu kommen.

Erzählen Sie Ihren eigenen Karriereweg! Erinnern Sie sich an Ihre Zeiten von Ungewissheit und Unsicherheit! Wie kamen Sie zu Lösungen? *Lösungsansatz*

Wenn die vielen bereits durchschrittenen Lebenswege nicht dazu taugen, geeignete Königswege zu beschreiben, was ist es dann, was wir aus diesen sehr persönlichen Entwicklungen lernen können?

Die Triebfedern menschlichen Handelns: *Wissenswert*

▸ Menschen wollen glücklich und erfolgreich sein.

▸ Menschen wollen in ihrem Handeln einen Sinn sehen.

▸ Menschen wollen in Übereinstimmung leben mit dem, was sie in ihrem Inneren fühlen.

Diese Triebfedern lassen uns in offenen Situationen entscheiden oder beeinflussen zumindest unser Handeln. Wenn unser Verhalten auf der oberflächlichen Handlungsebene auf den ersten Blick keinen Sinn macht, geht es offenbar um „Wichtigeres".

Erfolg wird in unserer Gesellschaft oft mit der Höhe des Einkommens und dem entsprechenden Prestige gleichgesetzt. Das sechsstellige Jahresgehalt, das richtige Auto und der Titel auf der Visitenkarte sind in diesem Verständnis Insignien von „Ich habe es geschafft". Dauerhaft werden die meisten Menschen von diesen Anerkennungen nicht „satt". Entscheidend ist der persönliche Status: die Anerkennung, die wir uns selbst zollen und von anderen Menschen erhalten für das, was wir tun, und dafür, wie wir sind.

Wir sind, woran wir uns erinnern

Man kann Entwicklung nicht als linearen Prozess verstehen. Viel zu komplex und vielschichtig sind Lebensphasen und Lebenseinflüsse. Es gibt nicht nur einen Weg, sondern viele, – und diese Wege verlaufen gleichzeitig in verschiedene Richtungen. Man erlebt Entwicklung zeitgleich auf mehreren Ebenen. So befindet sich ein junger Mensch gleichzeitig in der Berufsfindung, sucht nach einem Lebenspartner, löst sich vom Elternhaus, sucht soziale Gemeinschaft usw. Entwicklung bedeutet über die gesamte Lebensspanne hinweg Wachstum (Gewinn) und Abbau (Verlust). Entwicklung bringt somit für alle Altersstufen Gewinne und Verluste von Erkenntnis- und Erlebnismöglichkeiten mit sich (Weinert, 1995).

Wenn wir mit einem Vergrößerungsglas an Biografien herangehen oder Menschen etwas genauer zu ihren persönlichen Entwicklungen befragen, dann machen wir eine weitere interessante Entdeckung. Plötzlich wird trotz großer Vielfalt etwas Übereinstimmendes sichtbar: Alle Menschen kennen Phasenübergänge, an deren Ende Entscheidungen standen, Übergangsphasen, die voller Unsicherheit und Ungewissheit waren. Phasen wie die, in denen sich Florian und Bettina gerade befinden. Das ist eine einfache, aber auch dramatische Entdeckung.

Wissenswert In Übergangsphasen gibt es keine Gewissheit. Diese Situationen riechen nach Chaos. Phänomene von Chaos sind keine Zustände, die man sich wünscht. Selbst in unserer zu hoher Komplexität fähigen Vorstellung haben wir Chaos nicht gern. Diese widersprüchlichen und ambivalenten Gedanken sollen so schnell wie möglich wieder verschwinden. Erst wenn wir sie auf einer höheren Ebene „verstehen" oder aus den Gedanken Fakten geworden sind, fühlen wir uns weniger ausgeliefert und können Unsicherheit leichter ertragen. Dennoch: Es ändert nichts daran, dass wir das Chaos nicht mögen.

Die unbekannte Zukunft

Das Leben ist permanent in Bewegung. Was hinter uns liegt, ist uns bekannt. Was vor uns liegt, fühlt sich anders an. Es ist schwerer zu erfassen, weniger stabil und stellt größere Anforderungen an uns. Um uns zurechtzufinden, wiederholen wir, so oft wir können, bekannte Verhaltensweisen, wenden immer wieder Lösungen an, die wir erprobt haben. Es sei denn, die Herausforderungen sind zu groß und verlangen etwas völlig Neues von uns.

Dabei neigen wir dazu, Erfahrungen zu bündeln. Haben wir beispielsweise einen erfolgreichen Abschluss gemacht, dann addieren wir alle wichtigen Erfolge dazu, und unser Leben erscheint uns als eine Erfolgsgeschichte. Haben wir gerade eine Schlappe hinnehmen müssen, fallen uns alle Misserfolge ein, und wir geraten in eine depressive Stimmung – das ganze Leben scheint uns als Misserfolg. Wir verknüpfen Ereignisse und bewerten sie. Je nachdem, wie wir das tun und bei welchem Anlass oder in welchem Zusammenhang wir dies tun, stricken wir daraus unsere ganz persönlichen Erfolgs- bzw. Misserfolgskonzepte.

Zusätzlich sind unsere Erinnerungen ein Produkt aus Beziehungen. Sie entstehen im Austausch mit anderen und sind somit auch soziale Konventionen. Wir sind, woran wir uns erinnern. Wie die Forschung zeigt, sind Erinnerungen formbar. Sie verändern sich ständig – und wir uns mit ihnen (Keiner/Mace/ Theobald, 2000).

1.2 Ist der berufliche Zenit mit 45 schon erreicht?

Die Schere im Kopf

Die 40- bis 60-Jährigen werden immer jünger. Sie sehen jung aus, sie gestalten ihr Leben nach jugendlichen Maßstäben. Sie reisen durch die Welt. Sie treiben Sport und halten sich fit. Sie ernähren sich immer gesünder. Manche beginnen ein zweites und drittes Familienleben. Sie haben auch beruflich noch etwas vor. Und sie haben das nötige Kleingeld, sich mehr denn je leisten zu können. In ihrem Inneren beginnt jedoch gleichzeitig die Uhr, lauter zu ticken. Für viele die Zeit für eine „mittlere Lebenskrise".

Eine Umfrage des Instituts für Demoskopie in Allensbach ergab: Die Sehnsucht nach einem hohen Alter ist in der Bundesrepublik offenbar nicht so weit verbreitet wie angenommen. Nur 43 Prozent der Deutschen wollen gerne 100 Jahre alt werden. Die Vorstellung, alt zu werden, verknüpfen sie mit dem Verlust an Selbständigkeit und mit Krankheit. Altersstereotypen scheinen sich ewig zu halten, auch wenn sie sich durch Forschungen und Biografien längst überlebt haben müssten.

Wissenswert

Eine Untersuchung bei Kindern ergab, dass bei zwei Dritteln negative Qualitäten des Alters überwiegen, selten wurden positive Aspekte genannt. Beachtenswert dabei war, dass Kinder,

Jugendliche und jüngere Erwachsene nicht zwischen „jungen Alten" und „alten Alten" unterschieden (Marks/Newman/Onawola, 1998).

Wer in jungen Jahren das Alter nur mit negativen Attributen belegt, wird sich im Laufe der Jahre mental umstellen müssen, um die zweite Hälfte seines Lebens sinnerfüllt zu gestalten. Denn die Statistik prognostiziert eine zumindest quantitativ wachsende Bedeutung des Alters: Der Tod konzentriert sich in Industrieländern zunehmend auf sehr alte Menschen. Etwa die Hälfte der Bevölkerung wird 75. Wer heute 80 Jahre alt wird, hat im Durchschnitt noch sieben bis acht Jahre Lebenszeit vor sich (Baltes, 1996).

Zwei widersprüchliche Strömungen verlaufen in unserem Innern: Einerseits fühlen wir uns jung und leistungsfähig, andererseits haben wir panische Angst vor Alter und Siechtum. Wir beziehen die Stereotypen, die wir als Kinder verinnerlicht haben, jetzt auf uns selbst. Zusätzlich verlieren die alten Glaubenssätze von „immer höher, immer weiter, immer mehr, immer besser" im Verlauf der Zeit immer mehr an Wichtigkeit. Sie prallen in gewisser Weise an eine Zeitmauer, wo Lebensqualität nicht nur immer mehr an Bedeutung gewinnt, sondern auch immer individueller und selbstbewusster definiert und eingefordert wird.

Wenn wir zulassen, dass die Schere zwischen Anspruch und Wirklichkeit in unserem Kopf immer größer wird, dann ist es kein Wunder, wenn wir uns ausgebrannt fühlen und unsere innere Unzufriedenheit bis hin zur Depression wächst.

Das Denken in kurzen Zeiträumen

„Jeder will alt werden, keiner will alt sein."
Artur Wollert in Kayser/Uepping

In den letzten 25 Jahren haben sich die Zeitrahmen, in denen wir handeln können, ständig verengt. Gleichzeitig hat sich die Umsetzungsgeschwindigkeit objektiv erhöht. Diese Dynamik zeigt sich zum Beispiel in immer kürzeren Produktlebenszyklen, die von der Automobil-, Computer- und ganz besonders von der Telekommunikationsbranche weiter vorangetrieben wird. Aber auch benachbarte Wirtschaftszweige und Dienstleistungsbereiche sind gezwungen, sich dieser Entwicklung anzuschließen. Neben der Umsetzungsgeschwindigkeit werden auch

„die Ereignisse von morgen weder in ihrer Regelmäßigkeit, ihrer Intensität noch in ihrer inhaltlichen Tragweite mit heutigen Geschehnissen verbunden sein" (Fopp/Schiessl, 1999). Auch das hat heute schon Konsequenzen z. B. für unser Lernen, weil sich die Halbwertzeit unseres Wissens dramatisch verkürzt und ständig völlig Neues zu lernen zu unserem Alltag wird.

Trends unserer schnelllebigen Zeit: Dynamik, Kurzfristigkeit, Erfolgsdruck

Wir wissen, dass in Unternehmen und in Organisationen ManagerInnen durch Monats-, Quartals- und Jahresabschlüsse auf immer kürzere Zeiträume ausgerichtet werden. In kurzen Sprints müssen anspruchsvolle Zahlen erreicht werden. Langfristige Strategien bleiben meist Luftschlösser, weil die sich selbst überrollenden Zyklen keine Planungen in die Zukunft zulassen. In diesen engen Spielräumen müssen immer schneller immer größere Erfolge sichtbar werden. Durch enge Budgetvorgaben sollen Leistungen erzeugt werden, die oftmals nur mit höchsten Anstrengungen zu erreichen sind.

Es ist erschreckend, zu welch unrealistischen Zahlen sich Manager verbindlich verpflichten, von denen sie schon beim „Zustimmen" wissen, dass sie unerreichbar sind. Der Druck zu Leistungen in engen Zeiträumen wird als Druck von oben nach unten weitergegeben. Ganze Führungsmannschaften spielen mit, wohl wissend, wie unrealistisch die Vorgaben sind. Viele ManagerInnen glauben: „Das muss man heute wegstecken können!"

Und auch in unserem privaten Leben hat die Kurzfristigkeit längst die Führung übernommen. Heute führen Kinder im Grundschulalter Terminkalender. Es ist verständlich, dass Menschen dabei individuell Schaden nehmen. Sie halten Druck kurzfristig gut aus, langfristig aber und bei stetiger Steigerung schaffen sie es oft körperlich und mental nicht, vor allem aber seelisch werden viele chronisch überfordert.

Für immer mehr Arbeitnehmer ist das Berufsleben immer früher zu Ende. Fusionen, Übernahmen, Reorganisationen, Leistungsdruck, Intrigen und Palastrevolutionen stürzen Karrieren in Turbulenzen. Plötzlich wird in Unternehmen nach Möglichkeiten gesucht, sich von Angestellten zu trennen, Mitarbeiter-Innen zu entlassen oder früh zu verrenten – für Betroffene sehr häufig ein schwerer Schlag für die persönliche Lebensplanung.

Wissenswert Lange hat man gedacht, dass das „Aus" im Unternehmen besonders für bestimmte Risikogruppen zum schwerwiegenden Problem werden wird (Walter, 1995):

- bei erzwungenem Ausstieg;
- bei großen finanziellen Einbußen und starken finanziellen Belastungen (z. B. Kinder sind noch in der Ausbildung, Hausfinanzierung);
- bei starkem beruflichen Engagement (der Beruf ist der einzige Lebenssinn);
- bei schwieriger familiärer Situation oder schal gewordener Partnerschaft;
- bei Gefahr des Abbruchs wichtiger sozialer Kontakte.

Allmählich hat sich aber in der Realität der Arbeitnehmer das Gefühl etabliert: Es schaffen sowieso nur die wenigsten, bis zum offiziellen Renteneintritt berufstätig zu sein.

Das Herausdrängen von älteren Arbeitnehmern aus dem Arbeitsprozess ist heute fast der Regelfall, was das Stigma des persönlichen Versagens geringer werden lässt. Für viele ältere Arbeitnehmer bleibt es gleichwohl schwer verkraftbar, verfrüht das Unternehmen zu verlassen, in dem sie ein Leben lang gearbeitet haben. Gleichzeitig sehen sie z. B. in einer Rente mit 60 oft auch einen Gewinn an Lebensqualität. Jüngere Menschen leiden dagegen stärker unter der Arbeitslosigkeit, die ältere Menschen psychosozial besser verarbeiten. Negativ wirkt sich immer aus, wenn das Ausscheiden aus dem Unternehmen zu früh, unfreiwillig oder unvermittelt geschieht, z. B. aufgrund von Krankheit, Unfall oder betrieblicher Umstrukturierung.

„Gewinne werden privatisiert – Risiken individualisiert." Woran wir leiden, ist der Mangel an gesellschaftlicher Hilfestellung, diese Strömungen zu verkraften, vielmehr ist sogar eine Tendenz zur individuellen Verantwortungszuschreibung festzustellen.

Den Wandel herbeiführen: Unser Wissen als integralen Bestandteil unserer Persönlichkeit nutzen

Wir werden in diesem Buch noch viel darüber sprechen, was jeder tun kann, um sich selbst fit zu machen und sich damit für die Zukunft zu wappnen. Wir wollen jedoch nicht verschweigen, welche Verantwortung den Unternehmen und dort den handelnden Managern zukommt. Ein Geschäftsführer sagte einmal zu uns: „Ich beschäftige nicht 450 Mitarbeiter, sondern sorge für 450 Familien!"

Was die MitarbeiterInnen zunehmend als Missachtung empfinden, ist die Art und Weise, wie sie informiert oder eher nicht informiert werden, wenn die Gefahr besteht, den Arbeitsplatz zu verlieren. Verblasst ist in unserer Gesellschaft die Zuschreibung, „Gott" oder das „Schicksal" seien verantwortlich für die Wege des Lebens. Auch der Versuch, die Verantwortung den „Herrschenden" alleine zuzuschreiben, verliert an Wirksamkeit. Persönliche Verantwortungsübernahme nicht nur für Erfolg, sondern auch für Misserfolg gilt zunehmend als berechtigt (Doehlemann, 1996). Diese Tendenz zeigt sich auch in anderen Lebensbereichen, z.B. in der Zunahme von Eigenverantwortung für die individuelle Gesundheits- und Rentenversorgung.

Die neue Stärke

In unserer „neuen Welt" zählt Wissen mehr als Lebensalter. Während wir darüber nachdenken, dass immer mehr Menschen im Alter von 55 Jahren aus dem Arbeitsleben aussteigen, stiegen z.B. in den USA die Beschäftigungszahlen derselben Altersgruppe (Freyermuth, 2000) stärker als die anderer. Dahinter steht nicht soziale Not – ganz im Gegenteil. Es sind die Gutausgebildeten, die Spaß daran haben, bis ins hohe Alter ihr Wissen und ihre Arbeitskraft in den Wirtschaftsprozess einzubringen. Eine Trendwende? Wie Untersuchungen ergeben, sind es genau die Personen, die sich nicht in die Untätigkeit abschieben lassen wollen. Mittlerweile wird ein Zusammenhang zwischen der Verlängerung der Lebensarbeitszeit und der digitalen Revolution hergestellt. Der radikale Wandel liegt darin, wie Wissen genutzt wird, Geschäfte getätigt und neue soziale Verhaltensweisen erlernt werden. Dieser Wandel kann uns nur gelingen, wenn wir unser Wissen als integralen Bestandteil unserer Persönlichkeit nutzen.

Die Wiederentdeckung der Qualität „Lebenserfahrung"

Qualifizierte Arbeitskräfte sind in Wachstumsbranchen in der Minderheit. Das Vorurteil, dass jüngere Menschen sich leichter umstellen, wird durch die Zuverlässigkeit und Ausdauer von Menschen mit Lebenserfahrung schnell wettgemacht. Schon geht man dazu über, beruflichen Frischlingen alte Hasen zur Seite zu stellen. Gerade kleine und mittlere Unternehmen nutzen die Fähigkeiten und Erfahrungen von ManagerInnen aus großen Unternehmen. Die Altersgruppe der 55- bis 65-Jährigen wird zunehmend als Leistungsträger entdeckt. Unsere geistige Leistungsfähigkeit und damit auch unsere Innovationsfähigkeit bleiben bis in das sechste Lebensjahrzehnt nahezu unverändert erhalten. Die Erfahrung, das Verantwortungsbewusstsein, das Urteilsvermögen und die positive Einstellung zur Arbeit, das sind die Qualitäten, die bei den Arbeitgebern gefragt sind.

„Wenn mit Erfahrung Zukunft gestaltet wird, entsteht Mehrwert."

Expertentipp

Machen Sie sich selbstbewusst: Die neue Stärke verhilft Ihnen zu persönlichem Wachstum:

▶ Aktuelles Wissen ist gefragt.
▶ Experten breiten sich aus.
▶ Erfahrung in Praxis umsetzen, das ist gefragt.
▶ Mut und Ausdauer sind gefragt.
▶ Spaß an der Arbeit ist gefragt.

Über vieles verfügen Sie bereits. Sie sollten es nutzen!

1.3 Wege zum Erfolg

Konzepte für Selbstorganisation und Selbstverantwortung

Um unsere eigene Situation besser zu verstehen, ist es hilfreich, sich ein paar neue Fortschritte im Verständnis von lebenden Systemen klarzumachen. Das innovative Konzept von der Selbstorganisation hat uns dafür wesentliche Erkenntnisse gebracht.

Systeme handeln stets als ein organisierendes Ganzes

Um das Phänomen der Selbstorganisation zu verstehen, ist es zunächst wichtig, sich mit der Bedeutung von Mustern zu befassen. Wenn wir menschliches Verhalten in Beziehungen beobachten, sind überraschende Konfigurationen festzustellen, die typisch sind für ein bestimmtes System (wie Personen, Paare, Familien, Gruppen, Organisationen). Das Leben ist viel besser zu verstehen, wenn wir Muster verstehen. Wir alle (er-)leben täglich Muster. Wie oft haben wir uns schon vorgenommen, uns in konflikthaften Situationen anders zu verhalten. Kaum ist die Situation da, rutschen wir wie auf Glatteis in die alten Verhaltensweisen und suchen dann meistens die Schuld bei anderen. Dabei sind es die festgelegten Dramaturgien, unsere eingefahrenen Verhaltensmuster, die uns geheimnisvoll unsere Rolle spielen lassen – „Der stille Tanz zur lautlosen Musik", wie es der Innovationsforscher Gottlieb Guntern nannte. Muster können wir nicht messen und nicht wiegen, wir müssen sie darstellen. Muster bestimmen die Qualität unserer Beziehungen (Capra, 1996).

Die Theorie der Selbstorganisation beschreibt, wie sich Menschen eigenständig, eben „selbst-organisieren", welche Formen sie finden, welche Strukturen sie bilden. Sie erschaffen diese wie aus dem Nichts. Gerade deshalb sind Menschen und Lebensformen so bunt und so vielfältig wie die Natur selbst. Wenn wir unsere aktuelle Situation verstehen wollen, dann ist es wenig hilfreich, nach unseren Eigenschaften zu schauen, obwohl diese als Erklärung gerne herangezogen werden. Eigenschaften haben nämlich etwas sehr Hartnäckiges: Sie kleben oft wie unsichtbare und zugeschriebene Etiketten an Köpfen von Menschen: „Er/Sie/Es ist so" statt „Er zeigt im bestimmten Rahmen solches Verhalten". Wenn wir etwas „zeigen", können wir auch etwas anderes „zeigen". Und schon gibt es eine Chance für Veränderung. Es ist also bedeutsamer, Beziehungen in ihren Formen und ihren Qualitäten zu erfassen, statt Eigenschaften, die sich schwer verändern lassen, zu benennen.

Es gibt noch etwas Bedeutsames zu verstehen. Immer noch denken wir in Kategorien: „Wenn/dann" oder „entweder/oder". Wir beurteilen uns und andere in „richtig/falsch", „gut/böse" oder „aktiv/passiv". Gefühlsmäßig erfassen wir dabei bereits, dass unsere Wahrheiten abhängig sind von uns oder den Menschen, die diese vermeintlichen Wahrheiten beschreiben. Ausschlaggebend dabei ist, welche Erfahrungen diese Personen gemacht haben, die sie in ihre Konstruktionen der Wahrheit einbringen, und in welchen Beziehungen und in welchem Umfeld etwas gesagt wird. Denn im Kontext geben wir den Dingen erst ihre Bedeutung. Wir sehen: „Wahrheiten" in diesem Sinne gibt es nicht!

„Lass dir aus dem Wasser helfen, oder du wirst ertrinken!", sprach der freundliche Affe – und setzte den Fisch sicher auf den Baum.

Systemisches Denken und Handeln

Wenn folgerichtig Kategorien wie „wenn/dann" oder „entweder/oder" nicht mehr ausreichend sind, interessieren uns Wechselwirkungen, Ergänzungsprozesse und gegenseitige Beeinflussung. Kausale und lineare Zusammenhänge können nur unzureichend die Welt beschreiben, in der wir handeln. Unser Interesse gilt stattdessen den Strukturen und Funktionen, dem Verhältnis der Bestandteile innerhalb des Gesamtgefüges untereinander. Wir untersuchen Muster und Regeln in den Verhaltensabläufen und den Veränderungen von Systemzuständen (Lenz/Ellebracht/Osterhold, 1998).

Wir erleben täglich, ob wir atmen oder essen, dass wir ohne Kontakt im weitesten Sinne nicht leben können. Bei allem, was lebt, geht es um den Austausch von Materie, Energie und Information. Das wird uns beispielsweise dann deutlich, wenn wir in einer Besprechung sind, alle Informationen sind bereits ausgetauscht, aber trotzdem kommt keine Einigung zu Stande. Wenn zweimal bereits geäußerte Argumente wiederholt werden, steigt der Energiepegel dramatisch, die Luft verschlechtert sich. Jeder,

der jetzt den Raum betritt, riecht förmlich den Austauschprozess. Menschen isoliert verstehen zu wollen, ist kaum möglich. Selbst in der Medizin reicht es nicht aus, Symptome zu behandeln. Im systemischen Denken sprechen wir daher von Systemen statt von isolierten Objekten. Diese Systeme sind komplex und nicht linear miteinander verwoben.

„Hilfreich in turbulenten Zeiten: die Treue zu sich selbst"

Unser Blick muss sich weiten: In einem bestimmten Transaktionsfeld schaffen wir dynamische Prozesseinheiten, die wir erhalten und wieder auflösen. In diesem Sinne handeln Systeme immer als ein sich organisierendes Ganzes. Mit diesem systemischen Denken stellen wir unser Handeln in ein Umfeld und in Beziehung zu anderen. Geht es darum, Änderungen in unserem Leben einzuführen, dann ist dieses Verständnis wichtig und hilfreich,

Wissenswert

- um individuelles Verhalten zu verstehen,
- um uns vor isolierten Betrachtungen zu bewahren
- und um unser neues Handeln im Umfeld angemessen zu beurteilen und zu etablieren.

1.4 Menschen sind unterschiedlich

Obwohl Menschen in ihrer Individualität so unterschiedlich wie Fingerabdrücke sind, wiederholen sich auf höherer Ebene ihre Verhaltensmuster. Wir haben bereits darüber gesprochen. Unterschiedliche Lebenswege und Verhaltensweisen lassen sehr vielfältige Möglichkeiten zu, das Leben zu gestalten. Was für den einen richtig ist, muss für den anderen nicht passen. Deshalb sind Ratschläge häufig so wenig hilfreich. Wenn ein Freund uns ein Problem schildert und wir aus dem reichhaltigen Schatz unserer Erfahrung einen Ratschlag geben, bekommen wir oft die Antwort: „Ja, kann sein, vielleicht sollte ich das einmal versuchen", was so viel heißt wie: „Das trifft auf mich nur beschränkt zu." Weder fühlt sich der Freund verstanden, noch ist unser Rat dienlich. Besser wäre es, ihm zuzuhören, zu verstehen, wie er seine Welt erklärt. Dann können wir ihm dazu verhelfen, seine Muster zu erkennen, die ihn sich selbst in einem Engpass erscheinen lassen. Er wird aus dem Gespräch herausgehen und einen neuen Blick für seine Situation bekommen haben. Sehr wahrscheinlich wird ihm in der nächsten Zeit eine „Erleuchtung" kommen.

Expertentipp

> Sie können Erfolg und persönliches Glück nicht kopieren und nicht imitieren! Sie können Verhalten beobachten, es mit Ihrem eigenen vergleichen und Konsequenzen ziehen!

Die Treue zu sich selbst

In turbulenten Zeiten und einem schwierigen Umfeld bekommen wir mit der Treue zu uns selbst, für uns oft überraschend, eine „geordnete Veränderung" zu Stande. Vor allem Menschen in stabilen, privaten Beziehungen können mit einer solchen Einstellung ihren persönlichen Kurs halten. Es ist sehr häufig die Fähigkeit, allein oder im Gespräch mit anderen zu sich zu kommen: „Was brauche und was will ich jetzt?" Dann nehmen wir wahr, dass z. B. zu einer neuen beruflichen Positionierung ein neues Handeln notwendig wird, und wir beharren nicht auf unserem bisherigen Standpunkt.

Raus aus dem Laufrad

„Die Dinge sind nicht so, wie sie sind. Sie sind immer das, was man aus ihnen macht."

Wenn eine Neuorientierung bei einem erzwungenen Ausstieg aus einer etablierten Situation fehlt, sind die Chancen der Betroffenen auf eine zufriedenstellende, schnelle Lösung nicht gut. Generell versuchen wir viel häufiger ein Mehr desselben, statt etwas völlig anderes zu tun. Oft wird der bekannte Weg nur gesucht, um durch ein neues Verhalten unsere Umgebung nicht zu verunsichern.

Ein Manager, dessen Unternehmen gekauft wurde und dessen Position nun zweimal vorhanden war, wollte die Chance nutzen, um sich selbständig zu machen. Seine Partnerin reagierte jedoch auf seine Pläne abweisend. Selbständig zu sein stellte für sie zu diesem Zeitpunkt ein zu hohes Risiko dar. Der Effekt ihrer Bedenken: Sie stärkte durch ihre Einwände seine Zweifel an der Richtigkeit des Vorhabens.

Dieses Beispiel macht deutlich:
Es ist nicht immer das Laufrad schuld am leergelaufenen Leben, sondern manchmal auch der Hamster und des Hamsters Frau.

Die Opferfalle

Krisen sind Engpässe. Wir erleben sie allumfassend. Unser Denken und Handeln ist dann so blockiert, dass alle Gedanken und Gefühle, Ratschläge und wohlgemeinten Ablenkungen, neue Ideen und Lösungsansätze in einem „schwarzen Loch" landen, das alles zu verschlucken scheint. Dadurch wird die Situation häufig noch schlimmer, als sie bereits ist. Hoffnungslosigkeit macht sich breit.

Um sich konsequent in einer solchen Negativlage zu halten, müssen wir quasi unseren Kopf nach innen tragen, das heißt, ständig mit uns selbst in einem inneren Dialog sein. Unsere Umgebung muss das Spiel mitspielen, muss akzeptieren, dass wir beim Gespräch den Kopf nicht heben, nicht nach draußen schauen. Sehr häufig wird in dieser Situation von uns etwas verlangt, was wir nicht bereit sind zu tun. Wir sagen dann: „Das ist unmöglich!" Statt für die Entscheidung „Nein" die Verantwortung zu übernehmen, ist es nämlich umfeldverträglicher, „Ich kann nicht" zu sagen.

Hier bleiben nur zwei Handlungsalternativen, a) ich muss mit Nachdruck „Nein" sagen zu dem, was ich nicht will, und dann aushalten, was danach passiert, oder b) ich muss es einfach einmal anders versuchen!

Die Zweifel anlächeln

Eine alte Weisheit besagt: Das Geheimnis eines erfolgreichen Lebens ist eine optimistische Lebenseinstellung. Obwohl die meisten Menschen dem zustimmen werden, verhalten wir uns oft ganz anders. Statt positiv nach vorne zu schauen, lassen wir in Umbruchphasen gerne ein inneres Prüfprogramm laufen: unsere Zweifel und Einwände. Noch bevor wir unseren positiven Gefühlen für das Neue Raum geben, suchen wir bereits nach Hindernissen, Gefahren oder Risiken, die uns gefährlich werden könnten. Gerne übernehmen diese „schmutzige Arbeit", Zweifel zu äußern, auch PartnerInnen, Freunde, Kollegen und Bekannte. Gleichzeitig wollen wir, wenn wir unsicher sind, unsere Zweifel beiseite schieben. Zu groß ist unsere Angst vor dem möglichen „schwarzen Loch".

Um aus diesem Teufelskreis auszubrechen, sollten wir stattdessen unseren Fokus auf die positiven Aspekte richten und gleichzeitig unsere Zweifel als wichtige Überprüfungsinstanz akzeptieren. Wenn wir Zweifel ernst nehmen und freundlich willkommen heißen, dann verstecken sie sich auch nicht als Wegelagerer, um uns nachts aufzulauern.

1.5 Vitale Zukunftsgestaltung

Wenn wir unser Leben glücklich und erfolgreich gestalten wollen, brauchen wir eine gute Mischung aus analytischem Verstand, intuitivem Gespür und einer Vision, die uns treibt. Mit diesem Mix können wir unsere Kreativität kräftig aktivieren. Viele Menschen jedoch sind die Gefangenen ihrer eigenen Verbote, ihrer Regeln und ihrer Tabus. Sie lassen es zu, dass immer dort, wo sie an eine Grenze stoßen, sie diese Grenze nicht überschreiten. Sie behindern sich selbst!

Kleine Kinder zeigen es uns immer wieder: Neugierig und staunend nehmen sie wahr, was sich in ihrer Umgebung ereignet. Alles wird zunächst mit Interesse aufgenommen, nur weniges ausgeblendet. Im Laufe ihrer Entwicklung schränken sich Menschen mehr und mehr ein und reduzieren sich auf eine immer enger werdende Welt. Sie haben ihre Vorlieben, Meinungen, Werte und Regelwerke. Trotz der Informationsvielfalt, die täglich auf sie einströmt, merken sie nicht, wie sie sich einen kleinen Mikrokosmos mit engen Grenzen geschaffen haben. Aus der zur Verfügung stehenden Vielfalt picken sie sich heraus, was sie schon kennen und schätzen. Sie werden in ihren Handlungen und Reaktionen in hohem Maße vorhersagbar und enden als Kategorie im Zielgruppenraster eines Marketingstrategen. „Es geht darum, die Antennen der Wahrnehmung weit zu öffnen und alle Informationen aufzunehmen, die nützlich sein können. Wer immer nur mit seinesgleichen verkehrt, dem verengt sich die Welt. Seine Ideen unterliegen der Inzucht, und Inzucht geht bekanntlich mit einem beträchtlichen

Verlust an Vielfalt, Vitalität und Leistungsfähigkeit einher" (Guntern, 1994).

Ein erfolgreiches Lebenskonzept: analytischer Verstand, intuitives Gespür und eine Vision, die uns treibt

Für eine aktive Zukunftsgestaltung ist eine optimistische Lebenseinstellung wesentlich. Ohne gute Zuversicht und die Auffassung, dass die Dinge sich gut entwickeln werden, ist eine gewisse Widerstandsfähigkeit nicht denkbar. Dabei sollte der gesunde Optimismus nicht mit der populistischen Modeerscheinung des „Positiven Denkens" verwechselt werden, nach der Konflikte, Krisen und Widersprüche negiert statt als Quelle der Veränderung genutzt werden.

Menschen wollen von Natur aus wachsen – das Leben ist eine ständige Begegnung mit dem Unbekannten. Unsere Vitalität und unser Wachstum hängen davon ab, ob wir uns verändern können. „Sich selbst-organisierende Systeme nehmen nicht nur Informationen auf, sie verändern sich auch mit ihrer Umwelt". (Wheatley, 1997)

Wir müssen also unsere Kreativität einsetzen, um Abweichungen konstruktiv zu nutzen. Normen und Regelwerke, die gerade die Funktion haben, Abweichungen zu verhindern, sind wenig hilfreich. „Wenn ein offenes System Kreativität und lokale Abweichungen von der Norm einschränkt und so versucht, Gleichgewicht und Stabilität herzustellen, dann werden Zustände geschaffen, die sein eigenes Überleben in Frage stellen." (Wheatley, 1997). So gesehen bekommt unser Leben einen starken Zuwachs an Optionen: Vielfältigere Entscheidungsvarianten erwachsen aus widersprüchlichen Konstellationen. Wir leben mit immer mehr Informationen, Wahlmöglichkeiten und Ambivalenzen. Der Verlust von Eindeutigkeit durch die Zunahme an Komplexität ist manchmal nicht einfach auszuhalten. Aber gleichzeitig gewinnen wir Positives wie Vielfalt, Gestaltungsspielräume und (neue) persönliche Entwicklungsmöglichkeiten.

„Mit 45 muss man manchmal vom Karussell springen, an der Blume schnuppern und über die Zukunft nachdenken."
Neil Diamond

Expertentipp
- Trachten Sie nach einer optimistischen Lebenseinstellung.
- Seien Sie wachsam (im Sinne von: aufmerksam) gegenüber allem, was neu und unbekannt ist.
- Akzeptieren Sie Abweichungen.

1.6 Freude an der Selbsterkenntnis

Weshalb ist es eigentlich so leicht, die Situation von anderen zu beurteilen, und warum stecken wir bei eigenen Problemen oft den Kopf in den Sand? Das Geheimnis liegt in der Position, die man als BeobachterIn einnehmen kann. Wir können viel eher „von außen" auf etwas schauen. Wir können Verhalten und Beziehungen beobachten. Wir können Muster erkennen.

Im Abstand zu sich selbst erkennt sich der Mensch

Warum machen wir uns dieses Prinzip nicht zunutze, um uns selbst aus schwierigen Situationen zu befreien? Wir sind selbstverständlich in der Lage, über uns nachzudenken. Wir können erforschen, wie wir uns verhalten, wie wir in Beziehungen treten und wie wir uns organisieren. Wir können über unsere Kommunikation mit anderen sprechen und uns über unsere Beziehungen austauschen. Das nennen wir Metakommunikation. Sie setzt voraus, dass man zu sich selbst in Distanz tritt, auch Selbstreferenz (Rückbezüglichkeit) genannt.

Zwei große Vorteile ergeben sich daraus: Wir lernen zum einen mehr über uns selbst und schreiben unseren Mitmenschen weniger Eigenschaften und Etiketten zu. Wir analysieren zum anderen, inwieweit wir selbst an dem „Dilemma" beteiligt sind und zum Aufrechterhalten der Muster beitragen.

Ein wichtiger „Glücks- und Erfolgsfaktor": die Fähigkeit zur Selbsterkenntnis

Die meisten Menschen handeln verhältnismäßig „blind". Man spricht dann auch von „blinden Flecken". Nur: Die wenigsten *wollen* blind sein! Das heißt, wir müssen lernen, uns selbst besser wahrzunehmen. Um Interesse und Freude an dieser Selbstbetrachtung zu haben, brauchen wir einen neuen Umgang mit uns selbst. Sehr oft, wenn wir ein Feedback bekommen, hören wir nicht gut genug zu. Positive Rückmeldungen wehren wir ab: „Das war doch nichts Besonderes!", und negative Rückmeldungen widerstreben uns: „Das kann ja gar nicht sein, da haben Sie aber übersehen, dass ...!" Wir nehmen Rückmeldungen nicht als Informationen an. Wir fragen nicht nach. Wir bewerten schon, bevor wir Informationen überhaupt zur Kenntnis genommen haben!

Wir sprechen viel zu selten über unsere Beziehungen: „Was hast du wahrgenommen? Wie sieht das aus deiner Sicht aus? Was möchtest du, dass ich anders mache?" Am wenigsten nehmen wir uns Zeit für uns selbst, um uns in eine Adlerposition und somit in Distanz zu uns selbst zu begeben: „Wie bin ich vorgegangen? Welche Reaktionen habe ich wahrgenommen? Was weiß ich jetzt mehr als vorher?"

Es geht darum, sich mit freundlicher Aufmerksamkeit selbst zu beobachten. Sich Feedback einzuholen und das eigene Verhalten gründlich zu reflektieren und zu analysieren. Manchmal hilft auch ein Freund, eine gute Kollegin oder ein professioneller Coach, der Fragen stellt, statt sie zu beantworten, und uns damit hilft bei dem Abenteuer, uns selbst auf die Spur zu kommen. So lernen wir aus uns selbst und können leichter Konsequenzen ziehen. Wir werden erfolgreicher und glücklicher!

Aktionsplan

Manager – beruflich und privat erfolgreich

So verändern Sie Ihre Einstellung zu instabilen Zeiten und bereiten sich erfolgreich auf Phasenübergänge vor

Auf den folgenden Seiten analysieren Sie Ihre derzeitigen Lebensumstände, leiten daraus ein persönliches Ziel ab und legen die entsprechenden Maßnahmen fest.

1. Wo stehen Sie?

Analysieren Sie Ihre derzeitigen Lebensumstände. Nehmen Sie sich dafür etwas Zeit, ein Blatt Papier und einen Stift. Lassen Sie sich Ihre aktuelle Lebenssituation durch den Kopf gehen. Begeben Sie sich dazu in die Adlerperspektive, um von oben auf sich selbst und Ihr Umfeld zu schauen. Schreiben oder malen Sie eine Situation oder eine Gegebenheit auf, die Sie in Ihrem Leben gern grundsätzlich verändern würden.

So gehen Sie vor:

▶ Finden Sie heraus, wer oder was Sie bisher daran gehindert hat, etwas zu verändern: Erforschen Sie Einwände und Zweifel und nehmen Sie diese ernst.

▶ Beschreiben Sie, wie Sie sich selbst behindern oder den Zustand aufrechterhalten. Projizieren Sie das Muster in die Zukunft: Wird sich das Problem von alleine erledigen oder wird es eher verschärft in Erscheinung treten, wenn sich nichts ändert?

▶ Kalkulieren Sie, welcher „Preis" zu bezahlen ist, wenn sich nichts verändert, und gleichen Sie das mit dem Preis ab, den die Veränderung kostet.

Wenn Sie zu dem Schluss gekommen sind, dass Ihre Einwände gegen eine Veränderung gewichtiger sind als die möglichen Vorteile, können Sie das Thema von Ihrer Problemliste streichen! Denn Sie wissen jetzt, warum Sie den

Zustand so erhalten wollen, wie er ist. Suchen Sie sich ein neues Thema! Wenn Sie sich für den Weg der Veränderung entschieden haben, geht es konkret weiter:

2. Wo wollen Sie hin?

Formulieren Sie jetzt ein erreichbares, attraktives Ziel, das Sie kurzfristig angehen und innerhalb von sechs Monaten erreichen können:

So gehen Sie vor:

▶ Versetzen Sie sich in die Zukunft und beschreiben Sie, wie die konkrete Situation zum Zeitpunkt der Zielerreichung aussieht.

_____
_____

▶ Formulieren Sie daraus ein exaktes Ziel und splitten Sie dieses in mehrere Teilziele.

Ziel: _____

_____

Teilziele: _____

_____

▶ Setzen Sie Prioritäten bei den Teilzielen.

▶ Prüfen Sie die emotionale Identifikation mit dem Ziel: Wenn Ihr Herz angesprochen ist, wächst der Mut zur Veränderung durch die innere Überzeugung.

3. <u>Welche</u> Maßnahmen werden Sie konkret <u>wann</u> ergreifen?

Jede Reise beginnt mit einem ersten Schritt: Erstellen Sie sich auf einem separaten Blatt Papier einen Zeitplan, in den Sie die Maßnahmen eintragen.

So gehen Sie vor:

▶ Nehmen Sie sich Zeit für Ihr Veränderungskonzept.

- Hilfreich: Adlerperspektive regelmäßig im Veränderungsprozess einnehmen, um sich im Phasenübergang zu „orten" und etwaige Turbulenzen frühzeitig ausmachen zu können.
- Legen Sie Beginn und Abschluss der Maßnahmen fest.

Beginn: _____   Abschluss: _____

- Folgende Personen möchten Sie zur Unterstützung/zum Coaching mobilisieren:

_____
_____

4. Wann haben Sie Ihr Ziel erreicht?

In dem Veränderungsprozess werden Sie Erfahrungen gemacht und Kompetenzen entwickelt haben, die Sie nicht missen möchten. Wie bei einem Biotop werden auch Samen aufgegangen sein, die Sie nicht gepflanzt haben und nicht geplant waren. Auch Ihr Umfeld wird sich mit Ihnen verändert haben: Sie werden sich selbst besser kennen gelernt haben, Freundschaften haben sich vertieft, Sie sind neue Kooperationen eingegangen und haben Konflikte durchgestanden – haben Sie dabei Ihr Ziel erreicht?

So gehen Sie vor:
- Prüfen Sie, ob sich an Ihrer Situation nach Ende der Maßnahmen etwas wesentlich und konkret geändert hat.
- Arbeiten Sie alle wichtigen Ergebnisse heraus, die sich positiv und evtl. auch unerwartet ergeben haben.
- Danach entscheiden Sie, ob Sie das Ziel als erreicht ansehen oder ob Sie an dem Thema weiterarbeiten möchten.

*Wenn Sie auf diese Weise die Umbruchsphase erfolgreich durchlebt haben, können Sie entweder direkt zu Kapitel 2 übergehen oder Sie blättern zurück zur **Situationsanalyse** und beschäftigen sich dort mit Abschnitt 2.*

2 Die Leistungsfähigkeit von Managern ab 45

Karrieren verlaufen heute weder gleichförmig noch kontinuierlich nach oben – nicht in einer Welt, die stetig komplexer wird und sich immer schneller zu drehen scheint. Wer bestehen will, muss den Rhythmus aufnehmen, denn eine Garantie auf einen lebenslangen Arbeitsplatz gibt es nicht mehr. In diesem Kapitel schauen wir exemplarisch auf Karrierewege einzelner Manager, aus denen wir Wichtiges für uns ableiten können.

2.1 Entwicklungsstufen und Lebensumbrüche

Entwicklungssprünge sowie Lebensumbrüche sind für jede Biografie etwas Normales. Wir sprechen oft von Karriere und meinen damit den stetigen Weg nach oben. Was wir auf den ersten Blick seltener damit verknüpfen, ist persönliches Wachstum.

Persönliches Wachstum ist an Lernen, aber nicht an ein bestimmtes Lebensalter gekoppelt. Durch unsere Lernfähigkeit und unsere Kreativität stärken wir kontinuierlich unser persönliches Wachstum. In unserer Jugend lernen wir schon früh in der Herkunftsfamilie, wie wichtig die berufliche Stellung sein kann. Wir bekommen ganz nebenbei unsere Wertorientierung und damit unser Bild von Leistung, Fleiß, Selbständigkeit, Erfolg und Misserfolg. Wir lernen Glaubenssätze für das Erwachsenenleben. In Lebenskrisen sind wir aufgefordert, auch diese geheimen Spielregeln zu überprüfen: Sei erfolgreich! Bring die Dinge zu Ende! Nutze jede Chance, die sich bietet! usw.

Es gibt neue bahnbrechende Forschungen, die eindrucksvoll zeigen, dass sich restriktive, anforderungsarme, einengende und belastende Arbeit negativ auf die Entwicklung und intellektuelle Flexibilität auswirkt (Kohn, 1998). Positiv dagegen wirken

„Wenn Unzufriedenheit dominiert, ist es Zeit für einen Entwicklungssprung – oder für eine Krise (oder auch beides!)"

sich die Möglichkeit zur Selbstbestimmung und Verantwortung sowie eine gute Ausstattung des Arbeitsumfeldes aus. Unsere privaten und beruflichen Bedingungen beeinflussen unsere Persönlichkeitsentwicklung nachhaltig.

Aber auch Widersprüche zwischen Interessen, Regeln, Normen und Werten können uns in Orientierungskrisen führen (Hoff, 1998). Für diese Widersprüche und Diskrepanzen haben wir ein inneres Barometer, eine Art Frühwarnsystem. Unsere innere Stimme meldet Zweifel und Einwände an und unser Gefühl von Unwohlsein steigt. Trotzdem ist es oft bequemer, seine innere Stimme leise zu stellen, das Unbehagen zu unterdrücken und weiterzumachen wie bisher, als die inneren Einwände ernst zu nehmen. Wir wissen sehr genau, wann eine Arbeit oder ein Umfeld nicht mehr gut für uns ist. Dann ist es Zeit für einen Entwicklungssprung oder für eine Krise!

2.2 Karriereschritt, Zenit, Krise

Fallbeispiel Harald N.

Szenario 1: Krise nach Rückkehr aus dem Ausland

Harald N. ist 53 Jahre, verheiratet und hat eine Tochter. Er ist in dem Unternehmen groß geworden, in das er nach der Mittleren Reife eingestiegen ist. Seitdem hat er einen kontinuierlichen Kompetenzzuwachs und stetige Beförderungen erfahren: Lehre, Sachbearbeiter, Gruppenleiter, Verantwortung für eine Abteilung. Inzwischen ist er eine erfolgreiche Führungskraft. Mit 40 wird er von seiner Firma als „Pionier" zum Aufbau einer Niederlassung nach Asien entsandt. Er agiert dort völlig selbständig und recht erfolgreich als „Unternehmer vor Ort". Harald N. bleibt über 11 Jahre im Ausland. Dafür gibt es Gründe: Das Unternehmen hatte bis dahin in seinen eigenen Reihen keinen Geeigneteren gefunden, Harald N. selbst schätzt die berufliche Unabhängigkeit, und die Familie will die Annehmlichkeiten des Expatriate-Lebens nicht aufgeben.

Als Harald N. mit 51 Jahren in die Heimat zurückgerufen wird, erleben er und seine Familie einen Kulturschock. Inzwischen haben sich im Stammhaus die Produkt- und Geschäftsstrukturen grundlegend verändert, die ihn mit völlig neuen Anforderungen konfrontieren. Noch schwieriger ist es im Privaten: Zurückzukommen wird zum größeren Kulturschock als das Ausreisen in ein fremdes Land. Auch gesellschaftlich hat sich vieles geändert. Nur kurzfristig werden sie als von außen kommend wahrgenommen, doch sehr schnell erwartet man von ihnen ein „normales" Einfinden in den Alltag. Die Familie N. fühlt sich in Deutschland nicht mehr „zu Hause".

Von seiner Firma erhält Harald N. in dieser Situation wenig Unterstützung, sie setzt ihn temporär „zur Einarbeitung" auf eine Parkposition in die Provinz. Seine im Ausland erworbene Kompetenz kann er in dieser Aufgabenstellung nicht einbringen. Eine Anschlussperspektive besteht nicht.

Harald N. kann mit seiner neuen Situation und der Enttäuschung über die „Politik" seiner Firma nicht umgehen. Auch auf den häuslichen Frieden wirkt sich die Gesamtsituation sehr negativ aus. Mit seiner Geschäftsführung führt er einige unerfreuliche und vor allem ergebnislose Gespräche und entscheidet, dass es so nicht weitergeht. Er besinnt sich auf seine im Ausland erworbenen unternehmerischen Qualitäten und auf seine exzellenten Marktkenntnisse in Fernost. Sein Schicksal will er jetzt selbst in die Hand nehmen und nicht weiter auf seine alte Firma hoffen. Es kommt zu einem klaren Schnitt. Harald N. trennt sich von seinem Arbeitgeber und lässt alte Kontakte sowohl in Deutschland als auch in dem festen Netz der „Community" in Asien aufleben. Auf dieser Basis fühlt er sich sicher genug, den Absprung zu wagen.

Nach einem dreiviertel Jahr hat sich Harald N. eine neue Existenz aufgebaut. Er vermittelt Aufträge seiner Branche an asiatische Zuliefererfirmen – das Geschäft läuft erstaunlich gut an. Inzwischen ist die Familie umgesiedelt, die Tochter studiert in Amerika, und Harald N. und seine Frau haben sich entschieden, langfristig das Leben in der neuen „alten" Heimat Asien zu verbringen.

Was können wir von Harald N. lernen?

In seiner Entwicklung gibt es mehrere „Verwerfungen". Er ging ins Ausland, in eine ungewisse Zukunft, und hat damit auch seine inneren Grenzen überschritten. Als er sich in seiner Firma auf dem Abstellgleis wiederfindet, entscheidet er sich erneut für einen Sprung ins Ungewisse. Der Erfolg wird zu seinem Wegbegleiter. Das wird jedoch erst retrospektiv erkennbar. Er hat in den Jahren seines Auslandaufenthaltes ein starkes Selbstvertrauen entwickelt, das ihn in der neuen Rolle als selbständiger Unternehmer trägt.

Entwicklungen verlaufen selten kontinuierlich, viel eher in Sprüngen und spiralförmigen Bewegungen. Ein Entwicklungssprung ist wie ein Phasenübergang. Es kommt zu Irritationen

Wissenswert

und zu Turbulenzen. Sie sind keine „Störungen", sondern gehören zum Wesen des Entwicklungsprozesses. In dieser Zeit bilden sich neue Strukturen. Wer sich entwickeln will, muss Zeiten der Unsicherheit durchstehen!

Expertentipp

Was Sie aus der Sackgasse führt:
- Wagen Sie etwas und beweisen Sie damit Mut.
- Setzen Sie auf Ihr Wissen, Ihre Kompetenz und Ihre Erfahrung.
- Bilden Sie aus Ihren Kontakten Netzwerke.

Fallbeispiel Sabine B.

Szenario 2: Krise infolge eines Karriereknicks

Sabine B. ist 46 Jahre alt, verheiratet, keine Kinder. Sie hat eine Bilderbuchlaufbahn durchlaufen: Abitur, kaufmännische Ausbildung, BWL-Studium, Auslandsaufenthalt, Traineeship und Berufseinstieg bei einem internationalen Konzern. Ein Personalberater holt sie zu einem anderen renommierten Unternehmen. Damit verbunden ist ein großer Karriereschritt, der sie nach kurzer Zeit um zwei Stufen weiterbringt. Sie ist die einzige Frau auf gehobener Managementebene, als Spezialistin gefragt und engagiert in Führungsfragen.

Aus diesen persönlichen Erfahrungen heraus formuliert sie ihre Einstellung zu Frauen im Beruf: Wenn Frauen wirklich gut sind, setzen Sie sich auch durch! Nach einiger Zeit hakt es beruflich. Das Symptom „Käseglocke" scheint gegriffen zu haben. Das ist eine unsichtbare gläserne Decke, an die viele erfolgreiche Frauen ohne erkennbaren Grund früher oder später stoßen. Die ihr in Aussicht gestellte vakante Position wird mit einem Mann besetzt, der objektiv fachlich gleich bis geringer qualifiziert ist. Das Gefühl, ungerecht behandelt worden zu sein, stellt Sabine B.s Weltbild in Frage. Sie kann mit der Situation nicht umgehen, geht auf Konfliktkurs, wird misstrauisch, ihre Fehlerquote nimmt zu. Das Unternehmen trennt sich von ihr. Als Sabine B. nach kurzer Zeit noch keine angemessene Position findet, wird sie krank. Sie verbringt eine längere Zeit in einer psychosomatischen Klinik. Neue Anstellungen werden immer wieder durch Klinikaufenthalte unterbrochen. Sie verliert mehrmals ihre Stellung.

Was können wir von Sabine B. lernen?

Sabine B. war in ihrem linearen Weltbild "Wenn Frauen gut sind, setzen sie sich durch!" gefangen. Sich nicht durchzusetzen, zu scheitern, führte zwangsläufig zu einer schweren Krise. Sie hatte sich sehr hohe Ziele gesteckt, die sie schließlich „verbissen" werden ließen. Neben ihren negativen Gefühlen gegenüber Führungskräften und Kollegen hatte sie auch Selbstzweifel und eine Selbstwertkrise, sie hat sich in sich selbst zurückgezogen.

An der „Käseglocke" zu scheitern, muss nicht das Ende des persönlichen Wachstums bedeuten. Sabine B. ging es wie vielen ihrer weiblichen und männlichen KollegInnen. Sie brauchte eine andere Einstellung zu ihrer Karriere, zu ihrem Job und vor allem zum Leben: Erfolg wie Misserfolg als Erfahrung anzunehmen und daran zu reifen. Das ist freilich nicht leicht in einer Leistungskultur! Es ist ihr zu wünschen, dass sie in der Therapie ein neues Wertemuster für sich erarbeiten kann.

„Alle schlechten Eigenschaften, die mir zugesprochen werden, würden einen Mann erfolgreich machen." (Nach Maggy Thatcher)

Wissenswert

Zu Beginn einer Krise sind Schuldgefühle verständlich. Wenn wir uns jedoch regelrecht in Selbstzweifel oder Vorwürfe verstricken, haben wir weniger Chancen, die Krise zu durchschreiten. Es ist sinnvoll, alle Aspekte, die die aktuelle Situation beeinflussen, zusammenzutragen und zu bewerten und auf keinen Fall sein Sichtfeld einzuschränken. Statt sich ins Schneckenhaus zurückzuziehen, ist es besser, über Alternativen nachzudenken und zu forschen. Das hebt unseren Selbstwert und hilft uns, mit dem Problem besser zurechtzukommen. Wir fühlen uns nicht mehr ausgeliefert.

Für unser Leben ist es ebenso wichtig, sich mit einem Scheitern zurechtzufinden wie mit Erfolg und Glück. Hochs und Tiefs zu bewältigen, ist ein Zeichen von Reife! Es sind oft unsere eingeschränkten Denkmuster und unsere festgezurrten Lebenspläne, von denen wir uns lösen müssen. Wir können nicht durch unser Leben gehen und erwarten, dass alles wie am Schnürchen läuft. Es ist besser für uns, wenn wir uns auf Veränderungen im Leben vorbereiten.

Expertentipp

Ein konstruktives „Krisenmanagement" beinhaltet unter anderem folgende Aspekte:

- sich nicht mit Schuldvorwürfen zermürben,
- nicht nur bei sich die Schuld suchen,
- nach Lösungen und Alternativen suchen,
- sich mental darauf einstellen, dass das Leben auch Krisen bereithält.

Fallbeispiel Werner K.

Szenario 3: Krise nach Wegfall des Arbeitsbereichs

Werner K. ist 51 Jahre alt, verheiratet, 3 Kinder. Er ist Abteilungsleiter Rechnungswesen eines mittelständischen Dienstleisters. Sein Aufgabenbereich fällt durch Outsourcing weg. Im Unternehmen bietet sich keine alternative Einsatzmöglichkeit.

Er tut sich schwer, am Markt eine neue Stelle zu finden, was mit seiner wenig optimistischen Art, keineswegs mit mangelndem Know-how zusammenhängt. Privat kommt Werner K. mit seiner misslichen beruflichen Lage einigermaßen zurecht: Seine Kinder stehen kurz vor Beendigung der Ausbildung, seine Ehefrau hat einen sicheren Job, und die Hypothek auf das Eigenheim mit vermietbarer Einliegerwohnung ist fast abgetragen.

Werner K. entscheidet sich für eine professionelle unternehmensexterne Outplacement-Beratung. Gemeinsam mit der Beraterin erarbeitet er eine alternative Planung. Seine Frau stärkt ihm durch Zuspruch den Rücken, was ihm Mut und Zuversicht verleiht.

Schon seit Jahren ist Werner K. ehrenamtlich in der Kirche engagiert. Da er finanziell so gut wie ausgesorgt hat, übernimmt er, unterstützt von seiner Beraterin, zunächst eine ehrenamtliche Aufgabe im Finanzbereich seiner Kirche, die ihn drei Tage in der Woche intensiv beschäftigt.

Was können wir von Werner K. lernen?

Die ehrenamtliche Aufgabe hilft Werner K., die Enttäuschung über seinen abrupten beruflichen Ausstieg zu überwinden und sein Selbstwertgefühl aufzubauen. Er fühlt sich vor allem durch seine Familie unterstützt und gestärkt. Dass er für seine Arbeit zunächst nichts „verdient", schmerzt ihn nicht, schließlich handelt es sich um eine gemeinnützige Sache, die viel Anerkennung einbringt.

Nach vier Monaten unterschreibt er einen Teilzeitvertrag bei der Kirche und arbeitet zusätzlich gelegentlich als selbständiger Berater für Rechnungswesen und Controlling-Fragen. Er genießt es, mehr Zeit für seine Familie und seine Hobbys zu haben. Werner K. hat seine Krise gemeistert. Dass ihm der berufliche Boden unter den Füßen weggezogen wurde, war eine sehr kritische Situation. Werner K. hat jedoch das Richtige getan und sich kompetente Unterstützung bei der Outplacement-Beratung gesucht. So konnte er seiner Frustration, Wut und Verzweiflung einen Raum geben, unbelastet sein Selbstwertgefühl „genesen lassen" und konkrete berufliche Alternativen erarbeiten.

Wissenswert

Die Masse der Frührentner und Jungpensionäre kann die dritte Lebensphase nicht genießen, wie eine bundesweite Untersuchung ergab. „Wer zeitlebens an abhängige Beschäftigung gewöhnt ist, tut sich schwer, nun plötzlich Eigeninitiative zu entwickeln" (Opaschowski, 1999). Werner K. gehört zu einer neuen Generation, die zwischen Erwerbsphase und Ruhestand in keine Rolle passt. Durch die Fixierung auf den Dreiklang Ausbildung-Beruf-Rente tut sich unsere Gesellschaft schwer, Raum für neue Lebensformen zu entwickeln.

Plötzlich und oft überraschend ergibt sich im mittleren Alter eine neue Möglichkeit. Sich noch jung fühlend, gut ausgebildet, gesund, finanziell unabhängig kann ein neues Leben begonnen werden. Das „Aus" wird zum Neuanfang. Es ist wichtig, einen Suchprozess einzuleiten. Mit mehreren Lösungsideen überwinden wir leichter uns eingrenzende Gegensätze wie „entweder/oder", „richtig/falsch", „aktiv/passiv". Wenn wir uns Optionen schaffen und nach unterschiedlichen Möglichkeiten ausschauen, fördern wir unsere Kreativität. Scheinbar zufällig ergeben sich neue Wege.

Expertentipp

Was den Neuanfang erleichtert:
- Schalten Sie eine Person Ihres Vertrauens ein.
- Leiten Sie einen Suchprozess ein.
- Starten Sie ein neues, ein zweites, ein drittes Leben.

Fallbeispiel Ulrike T.

Szenario 4: die Krise einer allein erziehenden Mutter

Ulrike T. ist 45 Jahre alt und allein erziehende Mutter. Sie hat ihr Leben nach der Trennung von ihrem Mann prima in den Griff bekommen: Der Haushalt, in dem sie gemeinsam mit ihrem 14-jährigen Sohn Daniel lebt, ist perfekt durchorganisiert. Daniel geht nach der Schule zu einem Freund zum Essen. Danach ist er neben den schulischen Verpflichtungen mit Karate-, Keyboard- und Konfirmationsunterricht beschäftigt. Sie selbst hat ihre Position als Vertriebsleiterin in der Lebensmittelbranche mit Zuständigkeit für ein großes Regionalgebiet erfolgreich ausgebaut. Selbst die regelmäßigen Besuchstermine mit dem Vater sind integrierter Bestandteil ihres perfekten Familienmanagements.

Dieses Leben kostet jedoch enorm viel Kraft. Oft brütet Ulrike T. auch noch abends und am Wochenende über ihren Zahlen. Sie schafft das nur, weil ihr das lebendige Geschäft am Kunden so viel Spaß und Anerkennung bringt.

Eines Tages nach einem Gespräch mit der Klassenlehrerin ihres Sohnes steht ihr deutlich vor Augen, was sie schon seit einiger Zeit spürt: Daniel hat Schulschwierigkeiten, die sich durch einen deutlichen Leistungsabfall bemerkbar machen. Die Lehrerin ist außerdem besorgt über sein introvertiertes Verhalten und rät zu psychologischer Beratung. Sofort wird ihr klar: Sie will den Zugang zu ihrem Kind nicht verlieren – und sie will auf keinen Fall, dass ihr Sohn in der Schule scheitert.

„Das Leben ist mehr als die Summe aller Erfolge."

Gleich am nächsten Montag beantragt Ulrike T. bei ihrem Arbeitgeber eine Reduzierung ihrer Arbeitszeit um 30 Prozent. Wie sie trotzdem ihren Job meistern wird, dafür hat sie schon einen genauen Plan in der Tasche.

Aber es kommt anders: Ihr Arbeitgeber teilt ihr mit, dass sie ihre Führungsposition angesichts der verringerten Präsenz bedauerlicherweise nicht behalten könne. Gleichwohl würde man ihr als allein erziehende Mutter gern entgegenkommen und bietet ihr eine Stelle als Sachbearbeiterin im Innendienst an – übergangsweise würde sogar die Gehaltsdifferenz erstattet. Ulrike T. stimmt der Versetzung zu, weil ihr momentan einfach nichts anderes übrig zu bleiben scheint.

Ihr beruflicher Alltag ist nun geprägt von Listen statt Menschen, von Nachfragen-Müssen statt Delegieren-Können, von der ewigen Jagd nach Fehlläufern statt vom Ansturm zufriedener Kunden. Die Situation ist frustrierend für Ulrike T., und so dauert es nur ein paar Wochen, bis sie beschließt, ihr neues Leben zu mögen.

In dieser Zeit wandeln sich ihre Gefühle von Frust in Trotz, ihr Selbstmitleid in Kampfeslust, ihre anfängliche Ablehnung in Interesse und Engagement für die neuen beruflichen Inhalte. Ulrike T. bringt ihre profunde Kundenerfahrung aktiv in die Gestaltung der internen Abläufe ein. Sie wird auf Grund ihrer Führungserfahrung trotz bestehender Wissenslücken als Gruppenleiterin eingesetzt, und mit der erfolgreichen Projektarbeit zur besseren Kooperation zwischen Vertrieb und Abwicklung verschafft sie sich auch „ganz oben" Beachtung.

Nachdem Daniel eine Ausbildung gestartet hat, fängt er sich. Ulrike T. sieht ihre Zeit gekommen und bewirbt sich auf eine Stelle im Bereich „Prozess- und Beschwerdemanagement". Anforderungsprofil: Vertriebserfahrung plus Erfahrung mit den innerbetrieblichen Prozessen des Hauses. Diese ungewöhnliche Kombination kann Ulrike T. vorweisen. Sie steigt erneut in das mittlere Management auf. Fortan gilt sie als Aushängeschild des Unternehmens für frauenfreundliche Personalpolitik.

Was können wir von Ulrike T. lernen?

Obwohl Ulrike T. alles im Griff hat, kann sie nicht verhindern, dass ihr Sohn Schulprobleme bekommt. Sie spürt intuitiv, dass ihre Anwesenheit zu Hause gefragt ist. Ihr Wertesystem lässt sie spontan und eindeutig entscheiden. Auch die Rückstufung auf einen Sachbearbeiterposten nimmt sie in Kauf. Trotz anfänglicher Frustration bleibt sie nicht in ihren negativen Gefühlen stecken, sondern beginnt sich in einem persönlichen Veränderungsprozess zu wandeln.

Ihre im Innendienst eher unfreiwillig erworbene Kompetenz erweist sich im neuen Kontext als erfolgsentscheidender Wettbewerbsfaktor am internen Stellenmarkt. Letztlich behält sie Recht: Die familiären Probleme werden überwunden, und sie setzt ihre unterbrochene Karriere mit Erfolg fort.

Allein erziehende Eltern – und hier vor allem Frauen – müssen manchmal zwischen zwei wichtigen Prioritäten wählen. Ulrike T. hat sich für ihren Sohn entschieden. Das konnte sie, weil es ihren inneren Werten entsprach. Ein Verhalten und eine innere Ausrichtung, die klassisch weiblich sind. Viele Männer würden hier anders entscheiden. Natürlich gibt es für beide Fälle vielfältige Ausnahmen.

Wissenswert

Das Unternehmen hat Ulrike T. nicht wirklich geholfen. Es gibt einige Unternehmen mit flexibler Personalpolitik für Eltern, die

„Wenn zwei Ziele konkurrieren, entscheiden die inneren Werte."

neue Lösungen in dem ewigen Spannungsfeld von Arbeit und Beruf finden müssen. Dieses Unternehmen hat sich nicht als guter Partner für MitarbeiterInnen erwiesen. Nachträglich Ulrike T. zum Aushängeschild zu machen, ist fast zynisch, denn es waren ihr Mut und ihre Selbständigkeit, die sie diesen Bruch meistern ließen.

Expertentipp

Wie Sie ähnliche Situationen meistern:

- Trauen Sie der eigenen Intuition.
- Überwinden Sie negative Gefühle.
- Lernen Sie in der Situation – bringen Sie Ihre eigenen Stärken ein.

Kennen Sie Kurt Warner?

Der neue Held am US-Football-Himmel

Kurt hat mit 4 Jahren bereits einen großen Traum. Er träumt vom größten Endspiel im amerikanischen Sport – der Football-Meisterschaft, dem Super Bowl. Und er glaubt daran, dass Jesus ihm hilft: Jesus macht alles möglich!

Seine Karriere beginnt unspektakulär als Spielmacher beim Northern Iowa College in der unbedeutenden Division I-AA. Dort spielen wahrlich nicht die Besten. Zudem drückt er überwiegend die Reservebank. Doch sein Glaube an Gott und an seinen Traum ist stark: Jedes Hindernis versteht er als „nach Gottes Plan, gegen den er sich nicht wehren sollte." Dieser Plan hat für ihn einen Job im Supermarkt vorgesehen. Für fünf Dollar fünfzig Stundenlohn macht er sich nützlich. Unermüdlich betreibt er seinen Sport, zunächst in einer Hallen-Football-Arena, in die es normalerweise kein Talent zieht, das etwas auf sich hält. Gefeiert von trinkenden und grölenden Zuschauern, entwickelt er in drei Jahren in dieser „Liga der Gescheiterten" seine bemerkenswerte und brillante Wurftechnik.

Eines Tages fällt er den Talent-Spähern des Erstligaclubs St. Louis Rams auf, die ihm einen 250.000 Dollar-Vertrag anbieten – und ihn danach zu den Amsterdam Admirals transferieren, in die zweitklassige Europaliga, die in den USA auch eher als eine Football-Diaspora gilt.

Doch Kurt Warner hält an seinem Traum fest. Auch als er sich in seine Frau Brenda verliebt und zusammen mit ihrem behinderten Kind eine Familie gründet. Mit Brenda wird sein Leben nicht leichter, er unterstützt sie und die Kinder rührend und hilft ihr, den Tod ihrer Eltern zu überwinden, die bei einem Tornado starben. Für Warner „Gottes Pfade pur".
Nach einem Jahr in Europa ist er froh über seine neue Chance bei den St. Louis Rams. Der Club hat lange vor seiner Zeit ein einziges Mal –1980 – um den Super Bowl gespielt und verloren. In den 90ern werden sie verlacht. Dennoch: Der Club hat Geld und verpflichtet ihn mit großen Hoffnungen für vier Jahre und für 16,5 Millionen Dollar Trent Green als Spielmacher Nummer eins. Doch dem reißen bereits in einem Vorbereitungsspiel die Bänder im Knie. Auf einmal liegt das Geschick des Clubs in Kurt Warners Händen. Er bleibt bei seiner Vision: „Ich habe immer geglaubt es zu schaffen".

Was er dann schafft, hätte seine Geschichte, für die Hollywood sich bereits die Rechte gesichert hat, nicht besser abrunden können. Warner führt das schlechteste Team der 90er-Jahre, dem in der vorherigen Saison nur vier Siege gelungen waren, zum Super Bowl und macht es zum Champion. Das Team schafft auf dem Weg dorthin 13 Siege. Ein überragender Kurt Warner stellt Rekord um Rekord auf. Er wird als bester Spieler des Jahres ausgezeichnet und liegt in vielen statistischen Kategorien vor Legenden wie John Elway und Joe Montana. Und das als unbekannter Mr. Nobody, mit dem festgeschriebenen Minimallohn von 250.000 Dollar im Jahr. Die Sonderprämie für seine Leistungen will er einer Organisation für notleidende Kinder stiften. Geld und Football seien nicht so wichtig. Wenn sein behinderter Ziehsohn immer wieder hinfalle und es dann irgendwann schaffe aufzustehen und ihn überglücklich anstrahle – das sei es, was sein Leben wirklich berührt.

Kurt Warner hat es geschafft: Er hat seinen Traum gelebt, statt sein Leben zu träumen.

Quelle: nach einem Artikel im „Stern" 44/I vom 28. 10. 1999 von Brigitte Zander

2.3 Bedrohliche Schieflage

Wir hatten uns das alles anders vorgestellt! Viele von uns sind groß geworden in Zeiten von Frauenemanzipation, von Kinderläden und „mehr Demokratie wagen"; viele aktiv in der organisierten Bewegung, noch mehr mit interessiertem oder kritischem Blick „von außen". Eine neue Frauen- und Männergeneration mit umwälzenden Ideen war in die Welt gezogen. „Neue Vaterschaft" war ein Schlagwort. Männer lernten das Weinen und Frauen das Führen. Die Geschlechter lernten das Miteinandersprechen. Wir nahmen uns mehr Freiheit, wollten mehr Verantwortung und ein besseres Leben führen. Wir träumten vom Frieden und einer gesunden Umwelt – viele Strömungen und viele auseinanderstrebende Entwicklungen. Selbstverwirklichung hieß das Motto der 70er- und 80er-Jahre.

Es gibt keinen Zweifel daran, dass die massiven gesellschaftlichen Umbrüche, die von den Bewegungen der 70er-und 80er-Jahre ausgegangen sind, zu einschneidenden Veränderungen der Gesellschaft geführt haben. Diese Veränderungen haben Einzug in unser gesellschaftliches Wertesystem und unseren allgemeinen Verhaltenskodex gehalten. Gleichzeitig stellen wir aber auch eine deutliche Verschiebung von Werten und Normen gegenüber damals fest.

Das Ende des „Ich-Kults?"

Die Zufriedenen heute – und das sind die Gutverdienenden – kümmern sich, entgegen aller Erwartung, in erster Linie um sich selbst und um die Mehrung ihres Besitzstandes. 1985 ergab eine Umfrage unter 25- bis 45-Jährigen, dass 70 Prozent Selbstverwirklichung höher einstufen als z. B. das Familienleben (Willi, 1993). Diese Zeichen wurden auch als Ich-Kult gebrandmarkt. Jetzt, zu Beginn des neuen Jahrtausends, zeigt sich vieles wiederum in einem neuen Licht.

Zu den gesellschaftlichen Veränderungen gesellt sich noch die bedrohliche Schieflage am Arbeitsmarkt. Zweckmäßige und nachhaltige Wege aus der Arbeitslosigkeit sind kaum vorhanden, Beschäftigungskonzepte umstritten. Die zunehmende Arbeitslosigkeit und die Verteilung von Einkommen und Wohlstand sind zu massiven Strukturproblemen geworden. Innerhalb von Unternehmen arbeiten Menschen immer dichter in Projekten und Teams zusammen. Soziale Netzwerke lenken die Ich-Bezogenheit in ein anderes Fahrwasser. Engagement reicht in Unternehmen gegenwärtig kaum noch aus. Leidenschaft zur Arbeit ist gefragt. Es entstehen Modelle von Selbst- und Ich-GmbH, das Prinzip Selbstverantwortung, der Unternehmer im Unternehmen werden postuliert. Einige dieser Ideen entstehen, weil sich Unternehmen ihrer gesellschaftlichen Verantwortung bewusst sind. Sie suchen aktiv nach Lösungen und gehen dabei neue Wege.

„Das Arbeitsleben wird zunehmend einem kontinuierlichen Veränderungsprozess entsprechen: in Hinblick auf Lebens-, Arbeits- und Weiterbildungsphasen, Arbeitsplätze und Arbeitszeiten, Aufgaben, Funktionen und Vergütung. Der Arbeitsmarkt wird damit eindeutig zum Kundenmarkt" (Fischer/Sattelberger/Then, 1999).

Laut einer Untersuchung des Forsa Instituts rechnen 375 von 500 befragten Führungskräften in der Zukunft mit steigendem Leistungsdruck. Abgeflachte Hierarchien – geschäftspolitisch notwendig – erzeugen aus personalpolitischer Sicht ein Anreizvakuum. Davon betroffen ist vor allem das mittlere Management. Selten wird von Unternehmen der Weg in die Selbständigkeit gefördert – viel eher die Fahrt aufs Abstellgleis (Bettermann, 1999).

Gesucht ist der „24-Stunden-Mitarbeiter", der Privat- und Berufsleben nahtlos miteinander verbindet. Globalisierung, Fusionen, Schlankheitskuren und Rationalisierungen öffnen uns die Augen: Wir können nicht darauf warten, dass Lösungen von außen kommen.

Wir müssen uns kümmern, denn es gibt einige wesentliche Veränderungen:

Wissenswert

▶ Der Aufstieg auf der Karriereleiter ist kein Ziel mehr von Anstrengung.

▶ Starre Karrierewege haben sich überlebt.

▶ Unternehmen verändern sich permanent, wir müssen uns davon abkoppeln.

▶ Innovationszyklen werden immer kürzer.

▶ Gesichertes Wissen lebt sehr kurzfristig.

▶ Arbeitsplatz auf Lebenszeit gibt es nicht mehr.

▶ Arbeitnehmer verhalten sich zunehmend wie Freischaffende oder Selbständige.

Wir müssen unsere Perspektive verlagern und zu Strukturen des Wandels kommen. Gesucht ist der „dritte Weg", in dem die zu starke Ich-Bezogenheit mit übergeordneten gesellschaftlichen Bedürfnissen in Einklang gebracht wird. Persönlich wie gesellschaftlich erleben wir zyklische Prozesse von Entwicklung und Zerfall, um uns erneut für Entwicklungen zu begeistern. Unser Erfindungsreichtum, unsere Flexibilität überwinden so Starre und Unbeweglichkeit.

Aktionsplan

Die Leistungsfähigkeit von Managern ab 45

So verändern Sie Verhaltensmuster, die sich aus Bindungen und eigenen Prinzipien entwickelt haben

Auf den folgenden Seiten analysieren Sie die Grundmuster Ihres Karriereweges, entscheiden, welche Verhaltensmuster Sie verändern möchten, und leiten die dazu nötigen Maßnahmen ein.

1. Wo stehen Sie?

Analysieren Sie die Grundmuster Ihres Karriereweges. Nehmen Sie sich dafür etwas Zeit, ein Blatt Papier und einen Stift. Seien Sie dabei Ihr eigener Regisseur, der das Filmmaterial seiner Karriere studiert, um die Folge zwei des Films zu drehen. Lassen Sie Ihre berufliche Entwicklung vor Ihrem geistigen Auge ablaufen. Sie können den Film mal schneller laufen lassen, um den roten Faden zu erkennen, dann wieder in Zeitlupe, um sich wiederholende Abläufe genauer zu betrachten. Beschreiben Sie nach dieser Betrachtung ein konkretes Verhaltensmuster, das Sie in den nächsten sechs Monaten ändern oder ganz aufgeben möchten:

So gehen Sie vor:

▶ Beschreiben Sie, wie Entscheidungen getroffen, Hindernisse überwunden wurden, was an den Prozessen ähnlich ablief.

▶ Danach erfolgt die genaue Beschreibung eines Verhaltensmusters, das immer wieder zu unbefriedigenden Ergebnissen geführt hat.

▶ Letzter Schritt: Abschließen eines „Geschäfts mit sich selbst" auf Basis der vorliegenden Einschätzung, Kalkulieren des „Preises", der zu bezahlen ist, wenn sich nichts verändert, und abgleichen mit dem Preis, den die Musterveränderung kostet.

Wenn Sie zu dem Schluss gekommen sind, dass Ihre Einwände gegen eine Veränderung gewichtiger sind als die möglichen Vorteile einer Veränderung, können Sie das Thema von Ihrer Problemliste streichen! Denn Sie wissen jetzt, warum Sie den Zustand so erhalten wollen, wie er ist. Suchen Sie sich ein neues Thema. Wenn Sie sich für den Weg der Veränderung entschieden haben, geht es konkret weiter:

2. Wo wollen Sie hin?

Formulieren Sie jetzt ein konkretes Ziel, das, wenn es realisiert ist, etwas Maßgebliches an Ihrem Verhaltensmuster verändert hat. Sie sollten das Ziel kurzfristig angehen und es innerhalb von sechs Monaten erreichen können:

So gehen Sie vor:

- Versetzen Sie sich in die Zukunft hinein und beschreiben Sie das veränderte Verhalten in einer typischen konkreten Situation zum Zeitpunkt der Zielerreichung genau.
- Formulieren Sie daraus ein konkretes Ziel und portionieren Sie es in mehrere Teilziele.
- Stellen Sie die emotionale Identifikation mit dem Ziel her.

3. Welche Maßnahmen werden Sie konkret wann ergreifen?

Unsere Verhaltensmuster sind meist über Jahre gewachsen und entsprechend stabil. Wir müssen uns also etwas Besonderes ausdenken, um diese überwiegend aus dem Unterbewusstsein gesteuerten, oft früh erlernten Verhaltensweisen dauerhaft zu verändern. Muster lassen sich wirkungsvoll „attackieren" mit Abstand zu sich selbst, Beharrlichkeit und vor allem Spaß am Experimentieren. Erstellen Sie einen Plan, in dem Sie sich drei Übungssituationen vorgeben. Das Setzen von Zeitankern ist dabei sinnvoll. Am wichtigsten nach jeder Übung ist die Reflexion, die gleichzeitig der Vorbereitung der nächsten Trainingssituation dient.

So gehen Sie vor:

- Entscheiden Sie, in welchem Umfeld Sie das neue Verhalten erproben wollen.
- Legen Sie fest, was Sie auf jeden Fall konkret unterlassen sollten.
- Prüfen Sie, wer von Ihrem neuen Verhalten betroffen ist, bitten Sie diese Person nach vier Wochen um ein erstes Feedback.
- Genießen Sie die Freiheit, die durch das Abweichen vom „ewigen Spielplan" entsteht, leben Sie sie aus!
- Nehmen Sie regelmäßig die Adlerperspektive im Veränderungsprozess ein, um sich wieder „orten" und etwaige Turbulenzen frühzeitig ausmachen zu können.
- Legen Sie Beginn und Abschluss der Maßnahmen fest.

    Beginn _____ Abschluss _____

- Folgende Personen wollen Sie zur Unterstützung/zum Coaching mobilisieren:
    _____
    _____

4. Wann haben Sie Ihr Ziel erreicht?

In dem Veränderungsprozess werden Sie Erfahrungen gemacht und Kompetenzen entwickelt haben, die Sie nicht missen möchten. Vielleicht schleicht sich aber bisweilen auch ein Moment gewisser Bitterkeit ein: Es mag Ihnen bewusst geworden sein, dass genau das Muster, das Sie dabei sind zu verändern, Sie schon viele Optionen im Leben nicht hat wahrnehmen lassen. Hadern Sie nicht mit der Vergangenheit, sondern nutzen Sie diese Erkenntnis für die Gestaltung Ihrer Zukunft!

So gehen Sie vor:

- Prüfen Sie, ob sich an Ihrem Verhaltensmuster nach Ende der Maßnahmen etwas wesentlich und konkret im Sinne der Zielsetzung geändert hat.

- ▶ Wichtig: Gleichen Sie die Zustandsbeschreibung aus dem Zielsetzungsprozess mit der Situation am Ende der Maßnahmen ab – wie groß ist die Übereinstimmung?
- ▶ Entscheiden Sie, ob das Ziel als erreicht angesehen werden kann und wie an der Stabilisierung des neuen Verhaltensmusters weiterzuarbeiten ist.

Wenn Sie auf diese Weise ein unerwünschtes Verhaltensmuster durchbrochen haben, können Sie entweder direkt zu Kapitel 3 übergehen oder Sie blättern zurück zur **Situationsanalyse** *und beschäftigen sich dort mit Abschnitt 3.*

3 Ein neues Bewusstsein entwickeln

Wir brauchen ein neues Bewusstsein – für uns als Individuum und als Teil eines sich permanent gegenseitig beeinflussenden Lebens- und Arbeitssystems. In diesem Kapitel erfahren Sie, wie Sie sich selbst bewusster werden, Ihre Kreativität mobilisieren, Blockaden vermeiden und eine „persönliche Unternehmenskultur" entwickeln können.

Vom Gesetz der Endlichkeit

„In der Mitte des Lebens" haben wir unsere Lebenslektion gelernt: Wir verstehen unsere Entwicklung als Prozess, akzeptieren Veränderung als zu unserem Leben zugehörig und haben gelernt, Unsicherheiten und Phasen von Orientierung und Neuausrichtung zu bestehen.

Dies sind Erkenntnisse, die wir als junge Menschen noch nicht haben konnten. Jugend begreift die Welt typischerweise egozentrischer und absolut. Erst das Leben selbst bringt uns zu der Klugheit, dass es eine Gesetzmäßigkeit gibt, nach der Entwicklungen einer Eigendynamik folgen, die weit über unsere Vorstellungs- und Steuerungskraft hinausgeht. Dazu gehört auch das Bewusstsein über die Endlichkeit von Gegebenem – einschließlich der unseres eigenen Lebens. Lesenswert: Erfahrung für den Erfolg nutzen (Schmidt/Uepping 1999).

Aus Erfahrung wird Kompetenz

Starten wir doch damit, unsere besten Erfahrungen, unsere wichtigsten Erkenntnisse, unsere unterschiedlichsten Fähigkeiten gepaart mit unserem vernetzten Wissen in die Zukunft zu transferieren. Machen wir doch daraus eine neue Kompetenz: unsere persönliche Unternehmenskultur, unsere persönliche Unternehmensstrategie. Damit schaffen wir von uns aus die Bedingungen für Veränderungen und Erfolg.

Wenn wir uns für diese Herangehensweise entscheiden, stellen wir schnell und überrascht fest, dass uns Energie zuwächst, die uns schwierige Situationen oder Aufgabenstellungen leichter bewältigen lässt. Wir spüren eine hohe Selbständigkeit, ein starkes Selbstbewusstsein: einen Zuwachs an Lust am Leben. Wenn wir dauerhaft Erfolg haben wollen, brauchen wir diese offene Lebenseinstellung.

Aus Kompetenz wird Ambition

Wir knüpfen Beziehungen und gestalten sie um. Was immer wir tun, wie immer wir es angehen, wir sammeln neue Erfahrungen und arbeiten an unserer Identität. Überlegungen und Erfahrungen sowie die Rückmeldungen aus der Umgebung beeinflussen unser Leben. Wir verändern uns mit der Veränderung. So schaffen wir unsere ganz persönliche Unverwechselbarkeit, machen aus unserer Person eine Persönlichkeit mit typischen Merkmalen. Wir entwickeln und entdecken die schönen Seiten an uns. Wir zeigen, dass wir nicht stillstehen, sondern uns verändern können. Nicht jeder kann uns mögen, und nicht jeder wird uns mögen. Das entbindet uns von der Gefahr, oberflächlich oder in unseren Aussagen beliebig zu werden. Gegenüber dem Neuen zeigen wir uns erwartungsvoll und sind offen für Unbekanntes. Das hilft uns, mit der Zeit zu gehen und nicht im Alten zu verharren. So bleiben wir auch aus unterschiedlichen Perspektiven wir selbst.

3.1 Persönliche Unternehmenskultur

Vom Großen zum Kleinen

Den Begriff der Kultur verwenden wir zur Beschreibung der Normen und Werte von Makrosystemen wie Gesellschaft oder Unternehmen. Ökonomie und Technik sprengen die Ländergrenzen, interkulturelle Reibung entsteht, die zu grundlegenden Veränderungen unserer Kultur führt. Auch in den Unternehmen gewinnt der Kulturbegriff zunehmend an Bedeutung: Umstrukturierungen, Technisierung, enge Märkte, eine veränderte Motivationsstruktur der Mitarbeiter zwingen Unternehmensleitungen zur Entwicklung übergeordneter sinngebender Grundsätze. So wird Ethik zum kritischen Erfolgsfaktor.

Was bedeuten diese Entwicklungen für uns als Einzelnen? Wir verfügen über ähnliche Mechanismen wie Unternehmen und Gesellschaft, stehen in Wechselbeziehung zu den Großsystemen, deren Teil wir sind, und kämpfen in gleicher Weise um Existenzsicherung und Sinnhaftigkeit.

Kulturarbeit an uns selbst

Erfolgsperspektiven für Manager setzen deshalb die Entwicklung einer persönlichen Unternehmenskultur voraus, welche von den drei Bezugsebenen, auf denen wir uns bewegen, bestimmt werden: Persönlichkeit, Beziehungen, Handeln. Unsere persönliche Unternehmenskultur zeigt sich also darin, wie wir uns verhalten:

- in Beziehungen,
- in verbaler, nonverbaler und paraverbaler Kommunikation,
- in der inneren Haltung,
- im konkreten Zusammenspiel mit anderen in Prozessen,
- im Ausgleich der Interessengegensätze,
- im Prozess der Veränderung und der Entwicklung persönlicher Ziele und Pläne,
- im Leben von Werten und Finden von Lösungen,
- im gesellschaftlichen und sozialen Engagement.

Grenzen können helfen

Zum entschiedenen Handeln gehört auch, sich selbst und anderen Grenzen zu setzen. Wer sich sinnvoll begrenzt, z. B. durch realistische Ansprüche an sich selbst, schafft sich einen überschaubaren, ausfüllbaren Handlungsraum. Dadurch reduzieren wir die uns bisweilen ohnmächtig machende Komplexität.

Sei dein Freund!

Die Entwicklung einer persönlichen Unternehmenskultur kann jedoch nur gelingen, wenn wir daran arbeiten, eine positive Haltung zu uns selbst einzunehmen. Mit unserem Streben nach „persönlicher Vollkommenheit" ist das nicht zu erreichen. Stattdessen ist eine wohlwollende Grundhaltung zu uns selbst bedeutungsvoll: So wie wir uns einen guten Freund wünschen. Gleichzeitig müssen wir damit aufhören, unsere getroffenen Entscheidungen ständig neu in Frage zu stellen, und stattdessen lernen, zu ihnen zu stehen. Es ist unsere Verantwortung abzuwägen, was angemessen und richtig ist, aber dann müssen wir auch handeln!

Wider die Fremdbestimmung

„Gesellschaft, Unternehmen und Menschen haben gemein, eine Kultur entwickeln zu können."

Unsere Welt wird komplexer, und wir suchen unwillkürlich nach Orientierung. In Zeiten der Unsicherheit werden verlässliche Merkmale und Profile wichtig. Sie helfen uns, Eigenständigkeit zu stärken und Handlungssicherheit zu gewinnen. Neben unserer Fähigkeit zur Kooperation brauchen wir Stärke, um nicht wie ein Blatt im Wind verweht zu werden. Ein hoher Grad an Selbststeuerung bedeutet, nicht von anderen getrieben zu werden und seine eigene Position zu behaupten, was z. B. für Führungskräfte unabdingbar ist.

Übung **Persönliche Unternehmenskultur entwickeln**

Entwickeln Sie Ihre „persönliche Unternehmenskultur" anhand der folgenden 7 Merkmale. Notieren Sie zur Vertiefung in Stichworten konkrete persönliche Vorhaben, Wünsche, Beispiele und was Ihnen noch zum jeweiligen Punkt einfällt.

Sieben Merkmale von „Unternehmenskultur"

1. Erlauben Sie sich Ihren Traum.

   _____
   _____

2. Bauen Sie Beziehungen auf.

   _____

3. Zeigen Sie sich in Ihrer Bewegung stabil.

   _____

4. Zeigen Sie sich flexibel.

   _____

5. Zeigen Sie sich erwartungsvoll und neugierig.

   _____

6. Kommunizieren Sie.

   _____

7. Holen Sie sich und geben Sie Feedback.

   _____

Die Entwicklung einer „persönlichen Unternehmenskultur" verschafft Ihnen die gleiche Stärke, wie sie die großen Systeme Gesellschaft und Unternehmen aus ihren Kulturen schöpfen. Daraus entsteht die Synthese aus Identität und Ideal.

3.2 Persönliche Kreativität

Neue Kompetenzen zu entwickeln oder vorhandene in neuer Form zusammenzusetzen, ist ein vitaler und spannender Vorgang. Alles Bekannte hat etwas Vorübergehendes, weil wir uns täglich weiterentwickeln und die Welt nicht stehen bleibt. Deshalb ist es so wichtig, unseren Blick für das Neue zu schärfen. Wir sind meistens tief überzeugt von dem, was wir wissen. Unsere Überzeugungen und Annahmen machen wir zu Gewissheiten. Wenn wir Neues erschaffen wollen, müssen wir an unseren „Überzeugungen und Konzepten" arbeiten. Neue Modelle entstehen nur, wenn wir kreative Prozesse mit unseren Erfahrungen verknüpfen. Dafür ist es wichtig, sich zu öffnen, auszuprobieren und somit eigene Horizonte zu erweitern.

Um unsere mentale Kompetenz beweglich und stark zu halten, benötigen wir viel Kreativität. Beginnen wir damit, unsere Kreativität zu fördern und zu steigern.

Voraussetzungen für Kreativität

Wir haben die Klagen im Ohr, es ändere sich ja doch nichts an dieser Situation oder es gäbe einfach keinen Ausweg aus jenem Problem. Wir führen diese Klagen natürlich selbst im Munde und müssen uns fragen, was wir immer wieder dafür tun, dass die Veränderung nicht möglich erscheint.

Das Muster ist stabil: Wir versuchen wiederkehrende Probleme mit Maßnahmen anzugehen, die ihre Untauglichkeit schon zuvor bewiesen haben. Diesen unbefriedigenden Kreislauf können wir unterbrechen. Was wir dafür brauchen, ist die Mobilisierung unserer Kreativität.

Weg von den Trampelpfaden

Wie erschließen wir unsere eigene Ressource Kreativität? Die Wahrnehmungen schärfen, den Blick auf Ungewöhnliches richten und Abweichungen vom Erwarteten herausfinden, sind die wichtigsten Voraussetzungen. Damit sind wir in der Lage, immer wieder Neues hervorzubringen, neue Strukturbildungen zu schaffen, alte Trampelpfade hinter uns zu lassen und Unerwartetes zu akzeptieren.

Wir setzen unsere Kreativität häufig nur in Gang, wenn wir in einen Engpass geraten, der eine Veränderung unumgänglich macht, oder wenn wir an einem Neubeginn stehen, der nach Strukturen verlangt. Bildlich gesehen erkennt man einen Engpass an der „einspurigen Verkehrsführung": Unterschiedliche Wege werden nicht mehr sichtbar, Optionen nicht mehr wahrgenommen. Die Folge ist, dass der Stress zunimmt. Wir greifen wieder auf erprobte und generalisierte Verhaltensweisen zurück. Die Selbstorganisation läuft hier unter dem Motto „Mehr desselben". Die natürliche Antriebskraft der Neugier scheint ausgeschaltet. Wir sichern unsere Erfahrung und unsere alten Verhaltensweisen, anstatt die Herausforderung anzunehmen und etwas Neues zu wagen.

„Wir müssen uns die Fähigkeit eines Kindes erhalten, Neues staunend wahrzunehmen."

Wie kommt es zu diesem Phänomen? Was muss gegeben sein, damit die natürliche Neugier nicht zum Zuge kommt? Einen wesentlichen Anteil trägt die Tatsache bei, dass uns das zu lösende Problem meist seit langem bekannt ist. Oft haben wir bereits unterschiedliche Lösungsansätze erfolglos ausprobiert. Wir vermeiden Strukturveränderungen (und damit Chaos), weil diese andere, weitreichende oder unüberschaubare Veränderungen nach sich ziehen könnten (Lenz, Ellebracht, Osterhold, 1985).

Versuchen Sie diesem Kreislauf zu entkommen: Seien Sie radikal mit sich selbst, haben Sie kein Verständnis für „Endlosschleifen". Statt zu beschwichtigen, schaffen Sie sich Voraussetzungen für Ihre Kreativität.

Expertentipp

Kreativität stärken

Schon das Wort „Kreativität" löst allgemein eine gewisse Zurückhaltung aus, obwohl wir uns genau ein Mehr an Kreativität so oft wünschen. Wer hält sich selbst schon für einen „Kreativen" – aber andererseits, wer wäre es nicht gerne? Kreativität wird häufig bestimmten herausragenden Persönlichkeiten als Eigenschaft zugeschrieben. Das ist völlig unbegründet. Es gibt keine speziellen Persönlichkeitsmerkmale, denen Kreativität zugeordnet werden kann. Insofern ist Kreativität, so komplex sie auch sein mag, eine Ressource, über die jeder von uns verfügt.

Die Frage lautet also nicht: „Wer ist kreativ und warum?", sondern: Wer ist unter welchen Bedingungen wie kreativ? Im Privatleben fällt es uns meist leichter, Kreativität zu entwickeln. Wir zeigen Initiative, „unternehmen" etwas und erlauben uns dabei sogar gelegentlich ein bisschen chaotisch zu sein. So übernehmen wir in Vereinen Verantwortung in großen Projekten, engagieren uns kulturell, sozial und politisch und bringen durch unsere Aktivitäten ganze Branchen zum Blühen.

Beruflich sind wir viel scheuer und reduzieren uns von Persönlichkeiten oft zu bloßen Stelleninhabern und Funktionsträgern. Etwas zu „unternehmen" fällt uns schwer. Wir richten unser Handeln an Vorgängen aus, denken in Schubladen und lassen uns durch Zuständigkeiten einschränken. Die Folge: Wir stellen den Unternehmen, für die wir täglich arbeiten, nur einen Bruchteil unserer Kapazität zur Verfügung und beschneiden uns dabei selbst in unseren Entfaltungsmöglichkeiten.

Wissenswert Wenn wir unser Vorgehen bei Problemlösungen analysieren, stellen wir selbst fest, was wissenschaftlich nachgewiesen ist: Wir durchlaufen im Rahmen des kreativen Prozesses in aller Regel vier Entwicklungsstufen:

- ▸ Zunächst beschäftigen wir uns intensiv mit anstehenden Fragestellungen, suchen und ringen nach Lösungen, ohne sie greifen zu können.

- ▸ Dann lenken wir uns ab, indem wir uns für eine Zeit mit anderen Dingen beschäftigen. Wir gehen sogar so weit, darauf zu vertrauen, dass unser Unbewusstes eine Lösung findet.

- ▸ Plötzlich und manchmal überraschend kommt uns eine Erkenntnis. Mit großer Klarheit wissen wir nun, was wir wollen und wie wir es wollen.

- ▸ Erst jetzt überprüfen wir die Brauchbarkeit unserer Eingebung für den Alltag. In dieser Zeit passen wir unsere Idee den Rahmenbedingungen an, ohne jedoch ihren typischen Charakter zu verändern.

Um solche (Problemlösungs-) Prozesse bewusst zu fördern und damit für unseren Alltag Antworten auf große und kleine, berufliche und private Fragestellungen zu erhalten, ist es wichtig, die Regeln für Kreativität zu kennen und sie anzuwenden.

Expertentipp

Machen Sie aus Ihren Vorhaben einen kreativen Prozess:
- Prüfen Sie Ihr Interesse an der spezifischen Fragestellung, und schätzen Sie Ihre Motivation und vor allem Ihr zeitliches Engagement ein.
- Sammeln Sie viele Informationen, die Ihnen beim Lösen des Problems nützlich sein könnten.
- Definieren Sie Ihre Anforderungen an die Lösung. Lassen Sie Ihre Gedanken fließen und nehmen Sie bewusst neue Sichtweisen ein.
- Verknüpfen Sie scheinbar unpassende Elemente miteinander.
- Betrachten Sie das Problem aus einer anderen Perspektive.
- Denken Sie abwechselnd mit anderen und dann wieder alleine, damit Ideen sich befruchten und dann wieder reifen können.
- Ermöglichen Sie sich Zufälle bzw. lassen Sie diese zu und blocken Sie abstrus erscheinende Einfälle nicht von vornherein ab.
- Nehmen Sie sich beim Denken Auszeiten.

Kreativitätsblockaden abbauen

Wir ersticken Neugier, Forschergeist und kreative Lösungen in Strukturen, Einschränkungen, Regeln, Bewertungen, Angst vor Bloßstellung und geben uns mit der schnellen ersten Lösung zufrieden. Sehr oft werden so neue Ideen von vornherein zerstört. Meist scheint uns eine Problemstellung so angelegt, dass vermeintlich nur eine Lösung „erlaubt" ist – auch das erstickt unsere Kreativität im Keim.

Was sind die größten Blockaden, die uns in unserer Kreativität einschränken? (Adams, 1984):

Wissenswert

- Wir betrachten Probleme unter zu engen oder immer demselben Blickwinkel. So können wir über den gesteckten Rahmen nicht hinausschauen und neue Ideen entwickeln.

▸ Aus Angst vor den Reaktionen filtern wir unsere Aussagen. Wir haben Angst, verlacht oder abgewertet zu werden. Das kann so weit gehen, dass wir selbst unsere Gedanken filtern und uns damit der möglichen Ideen berauben. Infolgedessen beurteilen wir uns und andere vorschnell, statt Ideen zu produzieren.

▸ Wir bewerten mit verinnerlichten Regeln „Das macht man nicht!" oder „Was nicht hart erarbeitet ist, kann nichts sein" und begrenzen so unseren Spiel- und Handlungsraum.

▸ Auch die physikalischen Bedingungen unserer Umgebung, wie ein zu enger Raum, zu wenig Sauerstoff, engen uns ein. Ebenso können soziale Faktoren, wie kritische und uns abwertende Kollegen und Vorgesetzte, aber auch körperliche Belastungen, wie zu wenig Bewegung oder ein vollgestopfter Magen, einschränken.

Übung **Blockaden aufspüren**

Überprüfen Sie anhand von drei aktuellen Problemstellungen, durch welche Blockaden Sie sich selbst einschränken

Meine aktuellen Probleme:	Meine geplanten Lösungswege:	Welche Blockaden erkenne ich bei mir?

3.3 Selbsteinschätzung fördern

Wir tun uns schwer damit, uns von anderen „den Spiegel vorhalten" zu lassen, weil wir fürchten, das Fremdbild könnte nicht mit unserem Selbstbild übereinstimmen.

Dabei stellt gerade der Unterschied zwischen der eigenen Sicht der Dinge und der Beobachtung anderer eine äußerst wertvolle Möglichkeit der Selbsterkenntnis für uns dar. Oft bringt uns erst die Fremdwahrnehmung zu einem Reflexionsprozess. Eine andere Sichtweise kann so zu neuen Informationen führen, und wir lernen hinzu und gewinnen vielleicht entscheidende Einsichten.

Fremdbild – Selbstbild *Übung*

Welche Fragen möchten Sie wem stellen? Wie sieht diesbezüglich Ihre eigene Einschätzung aus, bzw. wo sehen Sie selbst Handlungsbedarf (= Selbstbild)? Wie sieht das Feedback des Gefragten aus (= Fremdbild)?

Ein Beispiel zeigt die Vorgehensweise.

Feedback-Fragen: an ...	Eigene Einschätzung: (Selbstbild)	Ergebnis des Feedbacks (Fremdbild)
Wie schätzt du meine Belastbarkeit ein? (an: Ehepartner)	kurzfristig gut; über mehrere Wochen: schlecht	Wirke stets ruhig und gelassen, vielleicht etwas „starr" (Ausdruck innerer Spannung?)

Da Bewertungen immer auf subjektiver Wahrnehmung beruhen, gibt es keinen Anlass, Feedback als Urteil, gar als Verurteilung zu empfinden (selbst wenn manche dies durch die Art ihrer Formulierungen bisweilen auszudrücken scheinen). Wehren wir also Rückmeldungen, die wir erhalten, nicht ab, sondern erschließen wir uns diese Quelle durch eine positive Grundeinstellung zu dem Bild, das uns entgegengehalten wird – es ist *unser* Bild.

Expertentipp Feedback von außen ist unerlässlich für eine fundierte Selbsterkenntnis.

Führungskräfte müssen sich heute differenzierten Feedbackverfahren unterziehen: Von oben, von gleicher Ebene und von unten. Wir brauchen aber nicht zu warten, bis formelle Verfahren uns zur Eigenbetrachtung veranlassen. Wir können vielmehr durch Selbstreferenz, d.h. das Einholen von Feedback, und Selbsteinschätzung an unserem persönlichen Profil schnitzen. Sowohl in unserem sozialen wie auch im beruflichen Umfeld können wir Rückmeldungen anderer dazu nutzen, Wissenswertes über uns selbst zu erfahren: Wie wirke ich, wie werde ich gesehen, was denkt man über mich?

Eine offene Einstellung zu sich selbst und zu anderen ist eine Voraussetzung für einen gewinnbringenden Dialog mit anderen. Oft genügt es, Fragen zu stellen oder um ein Feedback zu bitten. Freunde, KollegInnen und Mitarbeiter sind gerne bereit, sich mit uns auszutauschen, wenn Sie spüren, dass ihre Anregungen auf fruchtbaren Boden fallen und positiv aufgenommen werden. Zu einer konstruktiven Arbeitsbeziehung zählt nicht nur die gemeinsame Arbeit, sondern auch das Vertrauen, das wir dem anderen entgegenbringen, die Wärme, die wir ausstrahlen, das Mitgefühl, das wir zeigen, und die Zuversicht, die wir atmosphärisch ausstrahlen.

„Feedback ist ein Freundschaftsdienst."

Aktionsplan

Ein neues Bewusstsein entwickeln

So verändern Sie Ihre „persönliche Unternehmenskultur" und steigern Ihre Kreativität

Auf den folgenden Seiten unterziehen Sie Ihr berufliches Beziehungsgeflecht einer genaueren Analyse, entscheiden, was Sie gern ändern möchten, und entwickeln einen entsprechenden Maßnahmenkatalog.

1. Wo stehen Sie?

Analysieren *Sie Ihre Beziehungsgestaltung im beruflichen Umfeld*. Nehmen Sie sich dafür etwas Zeit, ein Blatt Papier und einen Stift. Lassen Sie sich durch den Kopf gehen, wie Sie sich als Teil in das größere System Ihres Unternehmens oder Ihrer Abteilung einbringen und wie die Wechselwirkungen zwischen Ihnen und Ihrem Umfeld funktionieren. Versetzen Sie sich dazu in die Position eines externen Beraters, der Sie coachen soll. Beschreiben Sie eine Aufgabenstellung oder eine Funktion, der Sie in Ihrem beruflichen Alltag gern verändern würden.

So gehen Sie vor:

- Malen Sie die „Landschaft" Ihres beruflichen Umfeldes einschließlich der verschiedenen Personen und Einheiten, zu denen Sie in Wechselbeziehungen stehen; benennen Sie gemeinsame Themen und Aufgaben.
- Listen Sie die wichtigsten Erkenntnisse, Erfahrungen und Erfolge auf.
- Kalkulieren Sie, welcher „Preis" zu bezahlen ist, wenn sich nichts verändert, und gleichen Sie ihn mit dem Preis ab, den die Veränderung kostet.

Wenn Sie zu dem Schluss gekommen sind, dass Ihre Einwände gegen eine Veränderung gewichtiger sind als die möglichen Vorteile einer Veränderung, können Sie das Thema von Ihrer Problemliste streichen! Denn Sie wissen jetzt, warum Sie den Zustand so erhalten wollen, wie er ist. Suchen Sie sich ein neues Thema! Wenn Sie sich für den Weg der Veränderung entschieden haben, geht es konkret weiter:

2. Wo wollen Sie hin?

Formulieren Sie jetzt ein Ziel, das Sie gerne erreichen wollen und das an Ihrer Aufgabenstellung oder Funktion etwas Wesentliches verändert. Sie sollten das Ziel kurzfristig angehen und innerhalb von sechs Monaten erreichen können:

So gehen Sie vor:

▸ Versetzen Sie sich in die Zukunft hinein und überlegen Sie, welche Beziehungen und Erfahrungen zum Zeitpunkt der Zielerreichung bestehen.

_____

_____

▸ Formulieren Sie daraus ein konkretes Ziel und splitten Sie es in mehrere Teilziele.
Ziele: _____

_____

Teilziele: _____

3. <u>Welche</u> Maßnahmen werden Sie konkret <u>wann</u> ergreifen?

Jede Reise beginnt mit einem schönen Traum: Benennen Sie konkret, was Sie sich für Ihr berufliches Leben wünschen. Bestimmen Sie Kriterien zur Priorisierung von Maßnahmen.

So gehen Sie vor:

▸ Transportieren Sie Träume bewusst in den Alltag.
▸ Schaffen Sie erweiterten Spielraum durch Neumarkieren des eigenen Handlungsrahmens und bewusstes Angehen eines konkreten Themas auf ganz andere Weise.

- Wichtig dabei: eine wohlwollende Grundhaltung zu sich selbst einnehmen, um sich vor vermeintlich negativen Bewertungen anderer zu schützen.
- Hilfreich: im Veränderungsprozess regelmäßig die Adlerperspektive einnehmen, um sich im Phasenübergang zu „orten" und etwaige Turbulenzen frühzeitig ausmachen zu können.
- Legen Sie Beginn und Abschluss der Maßnahmen fest.

    Beginn: _____ Abschluss: _____

- Folgende Personen möchten Sie zur Unterstützung/zum Coaching mobilisieren:

    _____

    _____

4. Wann haben Sie Ihr Ziel erreicht?

In dem Veränderungsprozess werden Sie Erfahrungen gemacht und Kompetenzen entwickelt haben, die Sie nicht missen möchten. Wie bei einem Biotop werden auch Samen aufgegangen sein, die Sie nicht gepflanzt haben und die nicht geplant waren. Auch Ihr Umfeld wird sich mit Ihnen verändert haben: Sie werden sich selbst besser kennen gelernt haben, Freundschaften haben sich vertieft, Sie sind neue Kooperationen eingegangen und haben Konflikte durchgestanden – haben Sie dabei Ihr Ziel erreicht?

So gehen Sie vor:

- Prüfen Sie, ob sich an Ihrer Situation nach Ende der Maßnahmen etwas wesentlich und konkret geändert hat.
- Arbeiten Sie alle wichtigen Ergebnisse heraus, die sich positiv und evtl. auch unerwartet ergeben haben.

▶ Entscheiden Sie, ob das Ziel als erreicht angesehen werden kann und/oder ob an dem Thema weiterzuarbeiten ist.

*Wenn Sie auf diese Weise Ihre persönliche Unternehmenskultur optimiert haben, können Sie entweder direkt zu Kapitel 4 übergehen oder Sie blättern zurück zur **Situationsanalyse** und beschäftigen sich dort mit Abschnitt 4.*

4 Kompetenzen für morgen

Unsere Berufswelt erwartet immer neue Kompetenzen von uns, die in zunehmenden Maße den Menschen in seiner Ganzheitlichkeit fordern. Wie können Manager die Stärke ihrer Erfahrung in Kompetenz ummünzen? In diesem Kapitel lernen Sie die erfolgsentscheidenden Kompetenzen kennen und erarbeiten ihr persönliches Kompetenzprofil.

Wir haben die Schwelle des 21. Jahrhunderts überschritten und finden uns mitten im Trubel gigantischer wirtschaftlicher und technischer Entwicklungen. Es gibt große Unterschiede in Bezug auf Wissensstand, Erfahrungen, Fantasie und Einstellung zu Zukunftsthemen wie Globalisierung, Fusionen, Übernahmen und neue Informations- und Kommunikationstechnologie. Etwas Entscheidendes verbindet jedoch die Manager ab 45: Keine andere Generation hatte je in ihrer zweiten beruflichen Lebenshälfte einen so einschneidenden Paradigmenwechsel zu gestalten.

Wir erleben neue Entwicklungen als Wellen, deren Abfolgen immer kürzer werden, wie z. B. E-Commerce, Biotechnologie, Nanotechnologie, Robotik, künstliche Intelligenz etc. Wir spüren intuitiv, dass wir mit der Kraft der Welle gehen müssen, um nicht von ihr überrollt zu werden, bzw. wenn wir sie nutzen wollen, um die eigene Kraft zu steigern.

„Vieles, was wir wissen, hat ein Verfallsdatum!"

Die Manager ab 45 müssen sich also noch einmal neu auf die Zukunft einstellen, um sie aktiv mitzugestalten. Das verlangt vor allem eine bejahende Haltung gegenüber Überraschendem und Unbekanntem. Diese bejahende Haltung bedeutet allerdings nicht opportunistisches Mitschwimmen auf jeder neuen Welle. Eine bejahende, kraftsteigernde Haltung bedeutet in erster Linie, offen zu sein und sich frei zu machen für neue

Impulse und Entwicklungen, die unseren Werten entsprechen und auf unsere Ziele hinführen.

Wissenswert Unabhängig von der Bewertung, ob wir diesen „Ritt auf der Welle" als historische Herausforderung, Krönung der Karriere oder Gefährdung der Existenz bewerten, muss unsere Managergeneration:

- sich von überholtem Wissen trennen,
- bisher erfolgreiches Verhalten verändern und
- neue Kompetenzen auf- und ausbauen.

4.1 Neue übergreifende Kompetenzfelder

Was wir unter „Kompetenz" verstehen

Unter dem Begriff der Kompetenz verstehen wir – neben der Befugnis etwas zu tun – die Befähigung eines Menschen, die sich in seinen Kenntnissen, seinen Fertigkeiten und Fähigkeiten sowie in seiner Haltung ausdrückt. Die Verbindung von formeller Befugniskompetenz und der Kompetenz, die aus unserer Person definiert wird, entscheidet über unsere Effektivität, unseren persönlichen Selbstwert, schließlich unseren Erfolg im Berufsleben.

Wir differenzieren im Folgenden zwischen konkreten *Arbeitskompetenzen,* wie sie in Anforderungsprofilen, Zielvereinbarungen, Einzelbeurteilungen definiert werden, z. B. das Kriterium der Lernbereitschaft, Flexibilität oder Innovationsfähigkeit. Diese Arbeitskompetenzen stellen wir unter die Oberbegriffe *Fach-, Methoden-, Sozial- und Persönlichkeitskompetenz.*

Wenn wir dagegen von übergreifenden Entwicklungen und grundlegenden Veränderungen in dem, was am Arbeitsmarkt generell von Menschen verlangt wird, sprechen, verwenden wir den Begriff *Kompetenzfeld.*

Wie entstehen neue Kompetenzfelder?

Ein Blick auf die Entwicklung von Anforderungen an Menschen im Arbeitsprozess in den letzten beiden Jahrzehnten lässt ein Grundmuster erkennen: Kompetenzen leiten sich, mit einer gewissen zeitlichen Verzögerung, aus den Veränderungen des Marktes, Unternehmensstrukturen und gesellschaftlichen und technischen Entwicklungen ab.

In den 80er-Jahren noch als wirtschaftsfremde Sozialträumerei abgetan, haben ManagerInnen heute lange verinnerlicht, dass *Soziale Kompetenz* zum festen Bestandteil ihres Anforderungsprofils und damit zum erfolgskritischen Faktor geworden ist.

Ähnlich fand in den 90er-Jahren gegen zunächst heftigen Widerstand die *Mentale Kompetenz,* auch unter dem Begriff der *Emotionalen Intelligenz,* Einzug in den Leistungskatalog der Führungskräfte.

Spannend ist nun die Frage, welche übergreifenden Kompetenzen in der nächsten Dekade bestimmend sein werden.

4.2 Chaos- und Veränderungskompetenz

Unser Leben spielt sich in chaotischen Zeiten ab. Um damit fertig zu werden, müssen wir Neues lernen und Altes aufgeben. Wir müssen Widersprüche aushalten und Gegensätze ausgleichen. Keine leichte Arbeit, weil uns viele Voraussetzungen, die wir dafür benötigen, noch gar nicht zur Verfügung stehen. Das bedeutet nicht nur, eine hohe Eigenständigkeit zu entwickeln, sondern auch Lernbereitschaft und den kompromisslosen Willen zu ständiger Verbesserung zu aktivieren. Stillstand gibt es in der Natur nicht und darf es auch bei uns nicht geben!

Um die turbulenten Veränderungen unserer Welt im Wirtschaftskreislauf sinn- und mehrwertstiftend zu „verarbeiten" und die gesetzten evolutionären Ziele zu erreichen, bedarf es der Mobilisierung allen Potenzials, über das die Ressource Mensch verfügt.

Die zunehmende Dynamik der Veränderung unserer Welt entsteht aus der steigenden Interdependenz von gesellschaftlichen, wirtschaftlichen und kulturellen Strömungen. Auf der Ebene des Individuums Mensch vollzieht sich eine ähnliche Tendenz: Starre Grenzen von Lebensbereichen, in denen jeweils nur bestimmte Kompetenzen dominieren, sind in der Auflösung befindlich, weil sie der vollen Entfaltung des Menschen hinderlich sind. Beispiele dafür sind die Privatisierung staatlicher Versorgung, Professionalisierung von Hobbys, Vermischung von privat und beruflich genutzter Zeit, neues Dienstleistungsverständnis beim Management des Privathaushalts, Wellnessbewegung als Anspruch auf körperliche Integrität, Internet als Abbau von Herrschaftswissen. Dies lässt uns ein *Systemisches Menschenbild* entwickeln, in dem das Individuum in seiner Ganzheitlichkeit in dynamischer Wechselbeziehung zum System Außenwelt steht.

Intuition – eine alte neue Dimension

Der Mensch wird sich zunehmend in seiner Ganzheitlichkeit in das Arbeitsleben einbringen, um in der Komplexität der Bedingungen und Anforderungen bestehen zu können. Neben den kopfgesteuerten und den sozialen Kompetenzen wird deshalb die Intuition als neue Kompetenzdimension entdeckt.

Während unser Forschergeist Zweifel am Bestehenden fördert, hilft die Haltung von Vertrauen und Glaube, das Chaos und die Widersprüche auszuhalten. Intellektuelle und intuitive Energie gehen somit eine neue Verbindung ein. Intuition und Spiritualität gewinnen zunehmend in der Arbeitswelt an Bedeutung. Sie werden als geistige Quellen eines jeden Menschen akzeptiert – und nicht mehr nur ausgewählten charismatischen Persönlichkeiten zugeschrieben. Unzählige Fachbücher widmen sich dem Thema, Manager „ganz oben" denken laut über geistige Werte in ihren Unternehmen nach. Immer mehr von ihnen haben bereits philosophische Aspekte in ihrer Unternehmenskultur implementiert, sie fragen verstärkt Berater und Coaches nach. Wobei angemerkt sei, dass sich bisweilen auch Power-Trainer und andere Scharlatane mit unseriösen Spektakelveranstaltungen unter die ernsthaften, wertebezogenen Berater mischen.

Neue Landschaften betreten

Wir werden immer wieder neue „Landschaften" betreten, in denen wir uns nicht auskennen. Das bedeutet auch, bekannte und liebgewonnene Gegenden zu verlassen. Wir lösen Verbindungen, um neue entstehen zu lassen. Dadurch werden wir zu Generalisten mit viel Spezialwissen und fundierten Erfahrungen. Wir werden Zusammenhänge erkennen, die ein Spezialist nie wahrnehmen kann (Fuchs, 1999). Diese Möglichkeit, durch gedankliche Verbindung zu Erkenntnissen zu kommen, eröffnet weitere Chancen für Innovation und Kreativität. Wer seine Welt verlassen kann, um sich in einer neuen zurechtzufinden, wird mutiger bei Veränderungen sein und gerne Neues entdecken wollen.

Erfolg wird immer stärker davon abhängig sein, dass sich unsere Fach-, Methoden- und Persönlichkeitskompetenz um geistige Dynamik und mentale Offenheit erweitert. Wir benötigen immer mehr eine hohe Lernbereitschaft und Lernfähigkeit. Stetiger Wandel verlangt von uns die Einstellung auf dauernde Veränderung. Wir werden uns zunehmend unserer Werte bewusst werden und uns in unserem Denken und Handeln an ihnen ausrichten.

Wissenswert

Multistabilität oder die so genannte Ambiguitätskompetenz

Allen bedeutsamen Veränderungen ist eigen, dass sie Gegenbewegungen hervorbringen, ob nun gesellschaftlich, technologisch, politisch oder in den Bereichen Wirtschaft, Wissenschaft und Kultur. Je kürzer die Zyklen der Veränderung sind, desto stärker überlagern sich widersprüchliche Trends, Werte, Theorien und entwickeln eine Dynamik in ihrer Wechselwirkung, wie z. B. Beschleunigung/Entdeckung der Langsamkeit, Gentechnik/Naturprodukte.

Aus dieser *Gleichzeitigkeit des Gegensätzlichen* leitet sich die vielleicht wichtigste Fähigkeit, die wir als Manager zum Erfolg benötigen, ab: die Fähigkeit, multistabil zu agieren, die Ambiguitätskompetenz oder einfacher ausgedrückt: nicht verrückt zu werden durch die widersprüchlichen Anforderungen, die an uns gestellt werden, stabil zu bleiben in der Divergenz von

Anspruch und Wirklichkeit, auf der Basis des eigenen Wertesystems sicher den Weg zwischen Tradition und Veränderung zu gehen.

Je komplexer wir unser Leben gestalten, desto bunter und vielfältiger wird es. Manchmal befällt uns die Furcht, unsere Identität zu verlieren. Machen Sie sich bewusst: Sie können sich beharrend zeigen oder auch jedem Veränderungsimpuls folgen. Beides wird gebraucht: Sie lernen eigene Widersprüche auszuhalten, sie aufzulösen und Neues zu entdecken. Flexible unterschiedliche Positionen einzunehmen und dann wieder verlassen zu können, das ist die Herausforderung. Unser Leben wird facettenreicher, wenn wir komplexe Situationen aushalten können. Hier geht es nicht um ein „immer mehr", sondern vielmehr um eine „höhere" Ebene. Erst dadurch bekommen Sie ein Gefühl für sich selbst und mehr Intensität.

Es gibt ganz praktische Beispiele dafür, wie wir bereits gelernt haben, uns multistabil zu verhalten: In der Arbeit von Führungsteams, Projektgruppen und in crossfunktionaler Zusammenarbeit wird schon seit längerem von allen Mitarbeitern in Unternehmen und auf allen Levels des Unternehmens Multistabilität, das heißt die Bewältigung einer Vielfalt von Aufgaben und Rollen, verlangt. Während wir in einem Team Teammitglied sind, leiten wir in einem anderen Team ein Teilprojekt, und wieder in einem anderen Team sind wir ProjektleiterIn. Wer sich bei dieser Vielfalt von Leistungen auf Funktionen stützt, wird zur Belastung für die Zusammenarbeit und behindert den Prozessfortschritt. Die Aussage „Das ist nicht meine Aufgabe" gibt es in unserem Dienstleistungsverständnis nicht mehr. Wer sich starr an Rollen hält, ist permanent in Abgrenzungsdiskussionen verstrickt und kommt nicht zu dem, was er eigentlich tun müsste. Lesenswert: „Die acht Sphären der Zukunft" (Horx, 1999).

Expertentipp

Multistabilität als Lebenshaltung

Persönliches Gleichgewicht erzeugt man durch Veränderungen und Bewegung. Wer beim Balancieren auf einem Balken still steht, hält nicht lange durch.

Lernen Sie, einen „multistabilen Gleichgewichtszustand" einzunehmen. Dafür ist es wichtig:

- eigene Vorstellungen zu „verflüssigen statt zu verfestigen",
- flexibel zu bleiben,
- Strukturzwänge zu umgehen,
- komplexere Gedankenmodelle zu entwickeln,
- Turbulenzen in Übergangsphasen auszuhalten.

4.3 Führen im Veränderungsprozess

Wie führen wir in Zeiten der Veränderung, wenn wir doch selbst die neuen Kompetenzen erst erwerben oder ausbauen müssen, wenn wir uns unserer Unsicherheit bewusst sind? Auf beliebte Rollen wie Vormacher, souveräner Besserwisser oder Patriarch können wir uns jedenfalls nicht mehr zurückziehen, und die üblichen Machtspiele unter Managern führen uns ebenfalls nicht weiter.

Stattdessen müssen wir uns ein neues Verständnis von Führung zu Eigen machen: Wir werden unseren Mitarbeitern gegenüber zum Teampartner und Coach, unseren Kollegen gegenüber zum Lieferanten von Know-how. Wir sind Moderator von Veränderungsprozessen, aber auch Vordenker von Strategien, Steuerer von Strukturveränderungen und Verantwortliche für die Schaffung benötigter Rahmenbedingungen. Und schließlich handeln wir immer in dem Bewusstsein eines Dienstleisters.

Fazit: Führen in Veränderungsprozessen ist eine *multifunktionale Aufgabe* von ungeheurer Bedeutung, schwierig und die ganze Persönlichkeit fordernd und fördernd.

ManagerInnen bestätigen, ebenso wie wissenschaftliche Untersuchungen, immer wieder, dass die so genannten „weichen" Leadershipkompetenzen wie Beziehungsmanagement und Integrität über den Erfolg eines Unternehmens entscheiden. Jedoch verbringen sie selbst 80 Prozent der zur Verfügung stehenden Zeit mit Kompetenzgerangel und administrativen Aufgaben. Die „weichen Themen" werden zweitrangig behandelt und bewertet. Unter anderem, weil ihre Bedeutung für den Unternehmenserfolg nicht immer konkret und unmittelbar nachweisbar ist. Diesen Widerspruch müssen wir zukünftig auflösen. Gerade deshalb

„Führung ist kein einseitiger Akt, sondern Teil einer Beziehung."

„Führen im Wandel fordert und fördert den ganzen Menschen."

sollten wir unsere Einstellungen und Werte auf den Prüfstand stellen – und das dauerhaft! Wer heute erfolgreich führen will, wird dies nicht mit herkömmlichem Verhalten bewältigen. Wir müssen deshalb wissen, welche Verhaltensweisen zu erfolgreicher Leadershipkompetenz führen und welche nicht:

Leadership-kompetenzen	Definition	Don't
Selbstmanagement	> Verbessert kontinuierlich den eigenen Wissens- und Erfahrungsstand > Geht mit unterschiedlichen Anforderungen und Gegensätzlichkeiten angemessen um > Setzt Prioritäten	> Hält die eigene Leistungsfähigkeit für unübertroffen
Beziehungsfähigkeit, Aufrichtigkeit und Vertrauen	> Kommuniziert in angemessener Weise > Kommuniziert und handelt glaubwürdig > Vertritt Interessen, Ziele und Werte	> Hält die eigene Leistungsfähigkeit für unübertroffen > Trifft alle Entscheidungen selbst > Zieht sich emotional zurück > Ist nicht teamfähig > Zeigt sich opportunistisch
Veränderungsfähigkeit	> Flexibel, sucht nach neuen Lösungen	> Hat ein einseitiges Weltbild > Beharrt auf dem Bewährten
Umsetzung von Strategien	> Erkennt zukünftige Entwicklungen und Trends > Betreibt effektives Projektmanagement > Koordiniert Ressourcen und ebnet Wege	> Vertraut auf „altes" Wissen > Vereitelt Durchbrüche > Hält sich an Vorschriften und Formalien fest

Expertentipp

Verstehen Sie Führung als Teil einer Beziehung und nicht als einseitigen Akt! Entwickeln Sie in Ihrer Umgebung „Lernpartnerschaften" und beherzigen Sie folgende Aspekte:

- Schaffen Sie für sich und andere Räume für Neugestaltung.
- Unterbinden Sie jedes egoistische und rücksichtslose Verhalten bei sich selbst und anderen.
- Schaffen Sie eine selbstlernende Führungsorganisation.
- Übergeben Sie Selbstverantwortung.
- Schaffen Sie eine Kooperationskultur mit gegenseitiger Wertschätzung und Achtung.
- Geben Sie Menschen Spielraum zum Handeln.
- Geben Sie Menschen Aufgaben statt Funktionen.
- Vereinbaren Sie Ziele, statt Vorgaben zu machen.
- Bezahlen Sie nicht für anonyme Jobs, sondern für individuelle Leistungen.
- Lassen Sie Menschen wachsen: über sich und über Sie selbst hinaus.

Durch ein solches Führungsverhalten schaffen Sie dem Unternehmen und den Ihnen anvertrauten Mitarbeitern Nutzen – und nicht zuletzt sich selbst. Sie werden Personalabbaumaßnahmen zwar nicht mit gutem Führungsverhalten verhindern, vielleicht müssen Sie diese sogar aus Ihrer Managerrolle heraus initiieren. Je besser Sie aber die Mitarbeiter, für die Sie Verantwortung tragen, in ihrer fachlichen und mentalen Reifung unterstützt haben, desto beschäftigungsfähiger haben Sie diese Mitarbeiter gemacht.

4.4 Neue Instrumente für Lernen und Veränderung

Wir ersticken in einer Fülle von Informationen für Manager über neue Programme und Theorien, die alle meist nur so lange aktuell sind, bis die Konzepte und Methoden eingeführt sind. Sie führen aber nicht wirklich zu einer Muster- bzw. Haltungsänderung. Viel zu schnell wechseln die Programme, überholen sich oft genug und das einzige, was wächst, ist der Widerstand der vermeintlichen Nutznießer gegen alles Neue. Diese Reaktion unterstützt die These, dass unser alltägliches Arbeiten stark durch unsere erlernten und ständig erneuerten Muster bestimmt wird – ob dies nun gut oder schlecht ist.

Neue Konzepte haben aus diesem Grunde eine geringe Chance auf Umsetzung, und diese Erkenntnis hat Konsequenzen (vgl. Küstenmacher, 2002).

Alte Muster verlassen

Wir müssen – um etwas Neues starten zu können – unsere alten Muster verlassen, alte Regeln brechen, um unsere „mentale Freiheit" zurückzubekommen. Erst dadurch entsteht Platz für Neues. Wann immer wir uns für ein Vorgehen entscheiden, schließen wir damit gleichzeitig andere Möglichkeiten aus, z. B. aus Bequemlichkeit, aus Rücksicht auf beteiligte Personen, aus mangelnden Alternativen. Wir entscheiden uns für einen Weg, ohne über andere nachgedacht oder Optionen auch nur in Erwägung gezogen zu haben. Einige von uns gehen sogar so weit, sich selbst gar nicht als Aktiver in einer Entscheidungsphase zu erleben. Für sie geschieht „es" einfach.

Oft ist es sehr hilfreich, diesen Weg gemeinsam mit einem Coach zu besprechen und sich bei der Umsetzung unterstützen zu lassen. Aber Sie werden es in den meisten Fällen auch allein schaffen, ein etabliertes Verhaltensmuster zu durch- bzw. zu unterbrechen – es ist gar nicht so schwer!

Expertentipp

Musterunterbrechung

Fangen Sie mit Alltäglichem an!

Zum Üben reicht es aus, wenn Sie ein Muster aus Ihrem alltäglichen Leben unterbrechen, z. B. Ihren Rhythmus beim Aufstehen oder Ihren Weg zur Arbeit. Sie werden feststellen, wie Sie für kurze Zeit etwas irritiert sind – nicht wissen, was sie statt des Eingeübten tun sollen. Erst danach entwickeln Sie einen neuen Verhaltensablauf. Es geht darum, die Übergangsphase bewusst zu erleben. Neues auszuprobieren, Erfahrungen anzupassen, Abläufe zu verbessern. Das ist die Öffnung für den Neubeginn.

Bilden Sie Netzwerke!

Wer immer im gleichen Wasser schwimmt, kann nicht zu neuen Gewässern gelangen. Setzen Sie auf Netzwerke, auf Teams und auf sich selbst.

Hier einige Grundregeln für Netzwerker:
- Starten Sie Freundschaften.
- Netzwerke erzielen keine „gemeinsame" Wirkung und teilen keine gemeinsamen Ziele.
- Machen Sie nichts, was keinen Nutzen schafft. Netzwerke leben vom Geben und Nehmen.
- Erstellen Sie sich einen Netzplan: Wen kenne ich? Und wen kenne ich, der jemanden kennt?
- Gehen sie proaktiv vor. Laden Sie ein! Sie werden staunen, wie groß und vielfältig Ihr Netzwerk bereits ist. Sie werden auch feststellen, dass Sie Ihr Netzwerk nicht gepflegt haben.

Work-Life-Balance

Jede berufliche Aufgabenstellung hat eine Art „Lebenszyklus". Erkennen Sie, in welchem Stadium Sie sich befinden. Kommen Sie z. B. morgens schwer aus dem Bett? Denken Sie mehr an Privates als an Berufliches? Lesen Sie Stellenanzeigen, weil Sie sich langweilen? Reagieren Sie mit Ärger, wenn andere erfolgreich sind?

Werden Sie aktiv, verhalten Sie sich suchend. Wer zufrieden ist, kann dennoch offen sein. Dazu sollten Sie ein paar Spielregeln beachten:
- Nichts verschieben, leben Sie hier und jetzt.
- Setzen Sie Prioritäten, konzentrieren Sie sich auf das Wesentliche.
- Fokussieren Sie sich auf die Ziele, nicht auf die Dringlichkeiten.
- Gehen Sie bewusster mit Zeit um und pflegen Sie Kontakte.

4.5 Die wichtigsten Veränderungen der Arbeitswelt

Mit den gravierenden Veränderungen in unserer Arbeitswelt geht eine ebenso grundlegende Veränderung der für Managementaufgaben erforderlichen Kompetenzen einher. Welches sind die wichtigsten Veränderungen und welche *fachübergreifenden* Arbeitskompetenzen leiten sich daraus ab?

In der folgenden Aufstellung sind die zehn wichtigsten Veränderungen in der Arbeitswelt als Prozess „von ... zu ..." sowie die daraus erwachsenden Kompetenzanforderungen beschrieben. Prüfen Sie einmal, welche dieser Entwicklungen auf Ihr Unternehmen und Ihre Aufgabe besonders zutreffen.

Veränderungen in der Arbeitswelt

von ...	▷ zu ...	▷ geforderte Kompetenz
Festgehalt, geringer Bonusanteil, „unbewegliche" Benefits	Leistungsbezogenere Vergütung, flexible und mobile Benefits	Risikobereitschaft, Selbststeuerung
Beständige Unternehmensform	Volatile Unternehmensformen (Fusionen, Outsourcing, Reduzierung auf Stammpersonal)	Innovationsfähigkeit, Selbstverantwortung, Konfliktfähigkeit, Kommunikationsstärke, Umsetzung von Strategien
Anerkennung durch Titel, Status, Senioritätsprinzip	Anerkennung durch Leistung und Persönlichkeit	Leistungsbereitschaft, persönliche Autorität, Beziehungsmanagement, Eigenmarketing
Dauerhaftes Fach- und Methodenwissen	Halbwertzeit des Fach- und Methodenwissens nimmt ab	Flexibilität, Lernbereitschaft und -fähigkeit
Chef	Coach	Offenheit, Glaubwürdigkeit, Beziehungsmanagement

Veränderungen in der Arbeitswelt *(Fortsetzung)*

von ...	▷ zu ...	▷ geforderte Kompetenz
Berichtslinien nach oben und unten in der Abteilung vor Ort, klare Rollen und Funktionen	Projektarbeit, Virtualisierung von Arbeitsbeziehungen, große Bedeutung von Netzwerken	Projekt-, Selbst- und Teammanagement, Gestalten von Beziehungen in virtuellen Räumen, Flexibilität, Multistabilität, Risikobereitschaft
Loyalität	Selbstunternehmer, Wertebedeutung steigt	Selbstverantwortung, Integrität, Innovationsfähigkeit
PC als Werkzeug	IT als Strategieinstrument	Technologieverständnis, Visionsfähigkeit, Flexibilität
Lokal geprägtes Denken und Handeln	Global geprägtes Konzern-Denken und -Handeln	Interkulturelle Kompetenz, Vernetztes und systemisches Denken
Leiterkarriere	Flächenkarriere	Lernbereitschaft und -fähigkeit, Selbstveranwortung, Flexibilität, Multistabilität

Welche Kompetenzen fordern Stellenanzeigen? *Übung*

Analysieren Sie die drei Auszüge aus Stellenanzeigen, die auf Positionen im mittleren bis oberen Management zielen, auf die darin geforderten Kompetenzen hin. Ergeben sich Übereinstimmungen zu den oben aufgeführten Kompetenzen?

1.

> **Manager/in gesucht**
>
> Um ständig neuen Herausforderungen gewachsen zu sein, setzen wir auf ein leistungsfähiges Projektmanagement, effizientes Teamwork in einer professionellen, angenehmen Arbeitsatmosphäre – und das mit wenig Bürokratie und flachen Hierarchien.
> Interessiert?

Kompetenzen: _____

2.

> Möchten Sie eigenverantwortlich mit großen Handlungsspielräumen und kurzen Entscheidungswegen arbeiten? Haben Sie schon Ihr Verhandlungsgeschick mit internationalen Geschäftspartnern erfolgreich unter Beweis gestellt?
> Dann warten wir gespannt auf Ihre Bewerbung!

Kompetenzen: _____

3.

> **IHR PROFIL**
> Diese anspruchsvolle und vielseitige Tätigkeit erfordert eine gestandene, selbstbewusste und vielseitig interessierte Persönlichkeit, die auch im Umgang mit sehr unterschiedlich qualifizierten Gesprächspartnern überzeugt. Ihr Wohnsitz ist als Home-Office geplant. Bewerten Sie sich online oder schicken Sie uns Ihre Unterlagen.

Kompetenzen: _____

Frage: Überlegen Sie, bei welcher Anzeige hätten Sie Chancen?

4.6 Mein persönliches Kompetenzprofil

Schritt 1:
Entscheiden Sie: Welche Kompetenzen fordert Ihr Unternehmen, welche Ihr Job?

Erstellen Sie ein Kompetenzprofil:
a) für Ihr **Unternehmen** (unabhängig von Ihrer Person)
b) für Ihren **Job** (unabhängig von Ihrer Kompetenz)
Dazu bringen Sie zunächst in Spalte 2 und 3 jeweils die fünf Ihrer Ansicht nach wichtigsten Kompetenzen in eine **Rangfolge**. (Das heißt, Sie notieren neben die genannten „Kompetenzen von morgen" die jeweilige Wertigkeit von 1 bis 5.)

Kompetenzen von morgen	Wichtigkeit für meine Firma Rangfolge 1–5	Wichtigkeit für meinen Job Rangfolge 1–5	Ausprägung meiner Kompetenz 1 5
Selbststeuerung und Selbstverantwortung Selbstunternehmer			
Interkulturelle Kompetenz (einschl. Sprachkenntnissen)			
Lernbereitschaft und -fähigkeit			
Flexibilität			
Beziehungsmanagement (in Projekten, Teams und virtuellen Räumen)			
Technologieverständnis			
Integrität (Offenheit, Glaubwürdigkeit)			
Innovationsfähigkeit			
Strategievermögen (vernetztes und systemisches Denken, Risikobereitschaft)			

Schritt 2: Wie stark sind diese Kompetenzen bei Ihnen entwickelt?

Legen Sie nun in der rechten Spalte für die 5 wichtigsten unternehmens- und jobbezogenen Kompetenzen den Ausprägungsgrad Ihrer **jeweiligen persönlichen Kompetenz** (ansteigend von 1 bis 5) fest. Messlatte für Ihre Bewertung sind die an Sie gestellten Anforderungen.

Gehen Sie an dieser Stelle **ehrlich** mit sich um. Beziehen Sie bei Ihrer Selbsteinschätzung auch die **Rückmeldungen** von Vorgesetzten, Kunden und anderen Menschen aus Ihrem beruflichen Umfeld ein.

Wenn Sie die noch verbleibenden Kompetenzen aus Spalte 1 ebenfalls mit einem persönlichen Ausprägungsgrad versehen, könnte sich herausstellen, dass Ihre Stärken auf ganz anderen als den derzeit abgeforderten Feldern liegen und Sie vielleicht Ihren beruflichen Schwerpunkt verlagern sollten ...

Schritt 3: Auswertung

Sie können nun in der Auswertung des Diagramms erkennen, wie stark Sie in den für Sie künftig besonders relevanten Kompetenzen Ihres Unternehmens und Ihrer derzeitigen Aufgabe sind. Differieren die Kompetenzen zwischen Unternehmen und Job erheblich, überprüfen Sie diesen Unterschied noch einmal auf Stimmigkeit.

Wie zeige ich die jeweilige Kompetenz?

Kompetenzbegriffe sind oft sehr unscharf oder abstrakt, sie verkümmern im täglichen Gebrauch, z.B. in Stellenanzeigen, oft zu Platitüden. Überlegen Sie, wie Sie die für Sie wichtigen Kompetenzen konkret beobachtbar im Job zeigen können.

Wissenswert

Erfolg wird immer stärker davon abhängig sein, dass sich unsere Fach-, Methoden- und Persönlichkeitskompetenz um geistige Dynamik und mentale Offenheit erweitert. Wir benötigen eine steigende Lernbereitschaft und Lernfähigkeit. Stetiger Wandel verlangt von uns eine positive Einstellung zu dauernder Veränderung. Unsere Werte dienen uns dabei als Richtschnur für unser Denken und Handeln.

Aktionsplan

Kompetenzen für morgen

So passen Sie Ihr Kompetenzprofil den Anforderungen der Zukunft an

Auf den folgenden Seiten unterziehen Sie Ihre Kompetenzen einer kritischen Prüfung und entscheiden, wo und wie Sie eventuelle Defizite abbauen können.

1. Wo stehen Sie?

Analysieren Sie Ihr berufliches Kompetenzprofil. Als TrendforscherIn malen Sie ein Zukunftsszenario der Arbeitswelt von morgen. In das Zentrum Ihrer Betrachtung rücken Sie sich selbst.

Welches Kompetenzfeld müssen Sie für die berufliche Zukunft am dringendsten aufbauen?

So gehen Sie vor:

- Stellen Sie die auszubauenden Arbeitskompetenzen anhand künftiger Anforderungen zusammen.
- Erfassen Sie, welche Lernpartnerschaften bereits entwickelt sind bzw. entwickelt werden müssen.
- Beschreiben Sie, wer oder was Sie bisher daran gehindert hat, an der jeweiligen Kompetenz zu arbeiten.
- Kalkulieren Sie, welcher „Preis" zu bezahlen ist, wenn Sie die benötigten Kompetenzen nicht aufbauen, und gleichen Sie diesen mit dem Preis ab, den Sie der Aufbau der Kompetenzen kostet.

Wenn Sie sich für den Weg der Veränderung entschieden haben, geht es konkret weiter.

2. Wo wollen Sie hin?

Formulieren Sie jetzt ein Ziel, das Sie gerne erreichen wollen und das Ihre Kompetenz spürbar erhöht. Sie sollten das

Ziel kurzfristig angehen und innerhalb von sechs Monaten erreichen können.

So gehen Sie vor:

▸ Versetzen Sie sich in die Zukunft hinein und beschreiben Sie realistisch,
   a) wie Sie Ihre konkrete Aufgabe/Position zum Zeitpunkt der Kompetenzerweiterung ausfüllen
   b) welche aktiven Lernpartnerschaften Ihnen zur Verfügung stehen.
▸ Daraus formulieren Sie ein konkretes Ziel, das Sie in mehrere Teilziele aufteilen und priorisieren.

Ziel: _____
_____

Teilziele: _____
_____

▸ Prüfen Sie Ihre emotionale Identifikation mit dem Ziel: Wenn Ihr Herz angesprochen ist, wächst der Mut zur Veränderung durch die innere Überzeugung.

3. Welche Maßnahmen werden Sie konkret wann ergreifen?

Für jede Reise muss man sich fit machen: Erstellen Sie Ihren persönlichen Qualifizierungsplan, in den Sie die Maßnahmen zur Kompetenzerweiterung und die Zeitanker eintragen.

So gehen Sie vor:

▸ Nutzen Sie verschiedenartige Trainingsmaßnahmen, um eine Kompetenz über alle Eingangskanäle wirkungsvoll aufzubauen.
▸ Wichtig dabei: Gehen Sie ein konkretes Thema bewusst anders an, probieren Sie sich aus, lassen Sie Fehler in der Lernphase zu.
▸ Erhöht Ihre Motivation: das Ausloben einer Erfolgsprämie für sich selbst.

- Legen Sie Beginn und Abschluss der Maßnahmen fest.

    Beginn: _____ Abschluss: _____

- Folgende Personen möchten Sie zur Unterstützung/zum Coaching mobilisieren:

    _____

    _____

4. Wann haben Sie Ihr Ziel erreicht?

In dem Veränderungsprozess werden Sie Erfahrungen gemacht und Kompetenzen entwickelt haben, die Sie nicht missen möchten. Wie bei einem Biotop werden auch Samen aufgegangen sein, die Sie nicht gepflanzt haben und die nicht geplant waren. Auch Ihr Umfeld wird sich mit Ihnen verändert haben: Sie werden sich selbst besser kennen gelernt haben, Freundschaften haben sich vertieft, Sie sind neue Kooperationen eingegangen und haben Konflikte durchgestanden – haben Sie dabei Ihr Ziel erreicht?

So gehen Sie vor:

- Prüfen Sie, ob sich an Ihrer Kompetenz nach Ende der Maßnahmen etwas wesentlich und konkret im Sinne der Zielsetzung geändert hat.

- Unabdingbar: Transfer in den Alltag sicherstellen durch regelmäßiges Anwenden.

- Entscheiden Sie, ob das Ziel als erreicht angesehen werden kann und welche weiteren Kompetenzen aufzubauen sind.

Wenn Sie auf diese Weise Ihr Kompetenzprofil „zukunftstauglich" ausgebaut haben, können Sie entweder direkt zu Kapitel 5 übergehen oder Sie blättern zurück zur **Situationsanalyse** *und beschäftigen sich dort mit Abschnitt 5.*

5 Vorsicht, Falle!

Veränderungen in der Unternehmenskultur, technologische Entwicklungen und die Globalisierung des Arbeitsmarktes stellen uns vor neue Anforderungen, denen wir gewachsen sein müssen. In diesem Kapitel werden Sie auf typische Gefahren aufmerksam gemacht, damit Sie Klippen frühzeitig erkennen und ein „Auflaufen" vermeiden können.

5.1 Anpassen ja – aber passend!

Die Mitarbeiter trauen ihren Augen nicht: Da wandert der langjährige Abteilungsleiter Walter H. mit leicht unsicherem Schritt durch die Kantine – Linseneintopf und Früchtequark auf dem Tablett. Sein Blick schweift unruhig durch den Raum auf der Suche nach einem nahen, ungestörten Zweiertisch. Seit das Direktionskasino abgeschafft wurde, essen Mitarbeiter und Führungskräfte gemeinsam in einer Kantine. An seiner Seite der neue Geschäftsführer – wohlgestimmt in Erwartung einer warmen Mahlzeit und eines kollegialen Lunch-Gesprächs. Er ist einer „zum Anfassen", geprägt von seinen erfolgreichen Jahren in den USA übt er eine Distanz abbauende Lockerheit. Er wirkt dabei ehrlich und offen, sein wichtigstes Markenzeichen: Er geht im Haus „oben ohne", das heißt, er trägt nie Jackett.	*Fallbeispiel*

Was an dieser Szene ungewöhnlich ist und noch tagelang für Amüsement unter den Mitarbeitern sorgt: Walter H. hat mit großer Überwindung zu diesem „öffentlichen Auftritt" mit dem neuen Chef sein Jackett ebenfalls über dem Chefsessel hängen lassen. Es hätte wahrscheinlich nicht mehr Aufsehen erregt, wenn jemand in Badebekleidung durch die Kantine gegangen wäre. Gilt Walter H. doch als einer, der selbst bei hochsommerlichen Temperaturen den obersten Hemdenknopf fest geschlossen hält. Er steht für Korrektheit und weiß, wie man(n) sich in seiner Position kleidet.

Seine Körperhaltung drückt aus, was Walter H. beim Spießrutenlauf fühlt: Das ist nicht er, der da so unschicklich durch die Kantine läuft!

Lösungsansatz Was hat Walter H. Wichtiges begriffen?

▸ Der neue Geschäftsführer steht für eine veränderte Unternehmenskultur. Seine Aufgabe als *Change Agent* lautet, diese neuen Werte in das Unternehmen hineinzutragen – sonst wäre die Wahl schließlich nicht auf ihn gefallen.

▸ Jede *Führungskraft ist Werteträger* ihres Unternehmens. Sie muss die (neue) Kultur des Hauses verinnerlicht haben, um sie nach innen und außen glaubhaft leben zu können. Dabei gilt das Motto „Love it, leave it or change it". Walter H. hat entschieden, sich positiv auf die Veränderung einzustellen.

▸ Unternehmenskultur drückt sich in **symbolhaftem Verhalten** aus, dabei haben Äußerlichkeiten eine Signalfunktion. Mitarbeiter nehmen symbolträchtige Verhaltensänderungen ihrer Vorgesetzten sehr sensibel auf.

Und in welche Fußangel ist Walter H. bei der Umsetzung getreten?

„Stress ist, wenn Sie „ja" sagen und „nein" meinen" (Reinhard K. Sprenger)

▸ Verhaltensänderungen dürfen niemals künstlich und anpasserisch wirken und somit die **Authentizität** des Akteurs in Frage stellen.

▸ Bei Nichtbeachten dieser Regel zahlen Sie einen gefährlich hohen Preis: den der Lächerlichkeit und der mangelnden Glaubwürdigkeit.

Sechs Regeln zur Änderung Ihres „Kulturverhaltens"

Damit Sie sich leichter und schneller in eine Ihnen „ungeläufige" Unternehmenskultur einfinden, hier einige Tipps:

1. Bringen Sie möglichst viele Werte der neuen Kultur mit Ihren persönlichen Überzeugungen in Übereinstimmung. Damit schaffen Sie sich die nötige innere Akzeptanz, Ihr Verhalten zu ändern und bleiben dabei **authentisch**.

Auf unser Fallbeispiel bezogen, bedeutet dies:

Walter H. gilt in seinem Segelverein als kompetenter, zuverlässiger und gleichwohl lockerer Kumpel – er trägt damit die Erfahrung in sich, dass Verlässlichkeit und Kompetenz keiner äußeren Formen bedürfen. Diese Erfahrung gilt es, peu à peu auf die Berufswelt zu übertragen.

2. Benennen Sie die **Vorteile** der kulturellen Veränderungen in Ihrem Umfeld und formulieren Sie daraus **konkrete Ziele** für sich und Ihre Mannschaft. Damit haben Sie Ihre Führungsrolle als Werteträger schon eingenommen, ohne selbst bereits perfekt sein zu müssen.

Wie Walter H. dies umsetzt:

Das nächste Abteilungsmeeting eröffnet Walter H. mit dem Thema „Wie schaffen wir eine offenere Kommunikation?". Auf dem folgenden Treffen werden die hierzu von einer Mitarbeitergruppe erarbeiteten Spielregeln diskutiert und verabschiedet.

3. Überfordern Sie sich und Ihr Umfeld nicht mit abrupten Verhaltensänderungen – wirkungsvolle symbolhafte Handlungen wollen wohldosiert sein.

Und erneut schauen wir uns Walter H. an:

Mit seinem Gang durch die Kantine hatte sich Walter H. zweifelsohne zu viel zugemutet. Im Alltag werden sich aber vielerlei leistbare Herausforderungen für ihn bieten.

4. **Üben** Sie neues Verhalten erst im vertrauten Umfeld. Am besten mit Menschen, die Ihnen wohlgesonnen sind (die eigenen Kinder sind übrigens immer ehrliche und meist faire Feedback-Geber).

5. Sollte Ihnen anfangs noch das eine oder andere **widersprüchliche Verhalten** unterlaufen – Ihre Mitarbeiter haben dies natürlich schon vor Ihnen bemerkt! –, sprechen Sie dies ruhig scherzhaft bekennend an (bringt einen Sympathiebonus!), um dann den Ball gekonnt an das aufmerksame Publikum zurückzuspielen.

6. **Das Wichtigste** zum Schluss: **Haben Sie Spaß** daran, neue Verhaltensweisen auszuprobieren. Sie wissen, alles steckt in Ihnen, entdecken Sie die unbekannten Seiten …!

Walter H. hat sich weiter versucht und gemerkt, dass Formen auch Inhalte bestimmen können. Seit er sich erlaubt, lockerer zu sein, fällt ihm der kameradschaftliche Führungsstil leichter.

5.2. Dein PC – das unbekannte Wesen

Fallbeispiel

Die beiden Mitarbeiterinnen von Georg W. werfen sich einen viel sagenden Blick zu. Aus dem Chefzimmer tönt unterdrücktes Fluchen gefolgt von dem genervten Ruf „Kann bitte einer kurz mal kommen, hier stimmt mal wieder was nicht mit dieser blöden Kiste!"

Das PC-Problem ist schnell behoben, wie schon so oft. Nein, die Mitarbeiterinnen von Georg W. gehen für ihren Boss durchs Feuer, trotz seiner kleinen Nervereien mit der „neuen" Bürotechnik. Sie bewundern sein verkäuferisches Talent – regelmäßig liegt er mit seinen Zahlen im Bezirksvergleich ganz vorn. Dieser Mischung aus Eloquenz und Vertrauenschaffen widersteht kein Kunde und eben auch kein Mitarbeiter.

Genauso gut ist der Ruf, den Georg W. als Führungskraft genießt. Er fordert seine Leute hart, gibt aber auch viel: regelmäßiges Coaching, Freiräume, gute Stimmung. Die Zentrale schickt ihm oft Trainees zur Ausbildung. Wenn er die unter seine Fittiche nimmt, stimmt „der erste Schliff".

Eine ganz normale Success-Story also – wo, bitte, liegt das Problem?

Letzte Woche führte Georg W. ein Akquisitionsgespräch mit einer potenziellen Neukundin. Bei der höflichen Verabschiedung wusste er intuitiv, dass er diesmal nicht gewonnen hatte. Die Kundin zeigte ein spezielles Interesse an den IT-basierten Dienstleistungen. Auf ihre Fragen konnte Georg W. nicht konkret genug antworten. Er bekam den Gesprächsfaden nicht wieder in die Hand – auch das elegante Umschiffen der High-Tech-Klippen konnte ihn nicht retten.

Seit ewigen Zeiten hat Georg W. nicht mehr dieses Gefühl mangelnder Kompetenz im Kundengespräch erlebt. Klar, intern bekennt er sich manchmal etwas kokett dazu, dass er nun einmal Vertriebler und kein Computerfreak sei. Aber jetzt hat sich sein Defizit zum ersten Mal im Kundenkontakt gezeigt, das lässt ihn aufhorchen.

> Wir brechen die Geschichte an dieser Stelle ab und laden Sie ein, als Akteur in Georg W.s entwicklungsbedürftige PC-Welt einzusteigen, denn dies ist vielleicht auch Ihre Welt! (Sollten Sie zufällig zu denjenigen gehören, die seit Jahren ihr Geld erfolgreich im IT-Bereich verdienen, lesen Sie dieses Kapitel vielleicht, um einem guten Freund, der es dringend nötig hat, Anschubhilfe zu geben). Sie spielen die Hauptrolle in dem

Expertentipp

Zukunfts-Thriller in 4 Akten

1. Akt: Die Bewusstwerdung

Täter oder Opfer?

Wie grundlegend das digitale Zeitalter Ihr Arbeitsumfeld verändert hat, wird Ihnen erst in der Rückbesinnung auf ein Leben ohne Fax, E-Mail und Telefonkonferenz bewusst. Länger als eine Dekade liegt dies gar nicht zurück. Sie spüren, dass Ihnen die technische Revolution, deren Zeuge und Gestalter, zuweilen auch Opfer Sie sind, neue Dimensionen des Denkens und Handelns eröffnet. Hierbei greift die Regel: Was machbar ist, wird auch abverlangt. So wird aus der Vision Norm und aus der Norm Anspruch. Dieser Entwicklungssprung erfasst alle Bereiche Ihres Lebens.

„Ich bin nicht drin"

Ihnen wird klar: Wenn Sie sich nicht in den Prozess einklicken, klinken Sie sich aus der Gestaltung dieser „neuen Welt" aus. Sie werden in Ihrer beruflichen Aufgabe weder Strategien entwickeln, noch die Umsetzung von Strategien erfolgreich managen können. Sie werden sich damit auch von den Entwicklungen in den außerberuflichen Bereichen abkoppeln, schlimmer: den Zugang zur nachfolgenden Generation verlieren – worüber, bitte, wollen Sie denn noch mit Ihren Enkeln reden?

If you don't use it, you loose it

Es geht natürlich *auch* um den sicheren Umgang mit Ihren neuen Arbeitsmitteln als Voraussetzung für die Integration technologischer Innovationen in Ihren beruflichen und privaten

Alltag. Über das „Begreifen" haben Sie die Chance, Ihre Zukunft zu erfassen und zu gestalten.

Kinder an die Macht

Sie erzählen heitere Geschichten von aufgeweckten 5-Jährigen, die das ABC noch nicht beherrschen, aber als einzige in der Familie mühelos die Videokamera programmieren können. In Ihre Heiterkeit mischt sich ein gewisses Unbehagen? Zu Recht!

Das natürliche Kräfteverhältnis zwischen Alt und Jung, eine jahrtausendelang vorgegebene Generationenfolge, droht sich umzukehren.

Pensionierung schon in Sicht?

Gelegentlich beruhigen Sie sich mit dem Zitieren von Nischen, in denen ein Überleben ohne Web und Net möglich sei. Oder Sie geißeln den unkritischen Umgang mit den technischen Errungenschaften unserer Zeit. Trotzdem haben Sie eines begriffen: Manager, die noch mehr als die eigene Pensionierungsfeier vorhaben, müssen sich mit dem Thema IT vital auseinander setzen, sonst ertönt der Abpfiff schneller als geahnt.

„Es hängt vom Menschen selbst ab, ob er die Technologie beherrscht oder sie ihn."
(John Naisbitt)

Test: **Wie bedeutsam ist Informationstechnologie?**

Kreuzen Sie an: Für wie wichtig halten Sie die IT im Hinblick auf unsere Gesellschaft und für sich selbst?

Bedeutung von IT – meine Einschätzung	Existenziell bedeutsam	Mittelmäßig bedeutsam	Wenig bedeutsam
für die Gesellschaft			
für mich			

Wenn die Einschätzungen zwischen „Gesellschaft" und „für mich" divergieren, hinterfragen Sie noch einmal die Begründung für Ihre Entscheidung.

2. Akt: Das Bekenntnis

Manager ab 45 haben einen enormen Erfahrungsvorsprung gegenüber jungen Führungskräften. Im Bewusstsein dieser Stärken können wir es uns leisten, auch möglichen generationsspezifischen Schwächen ins Auge zu blicken (wer nicht gerade auf der Erfolgswelle schwimmt, sollte dies umso eher tun).

Unser Handicap – 3 Thesen

1. Wir über 45-Jährigen haben ein Handicap: Unsere Gehirnwindungen haben sich nicht von Kindesbeinen an „IT-mäßig" entwickelt. Dies unterscheidet uns von nachfolgenden Generationen.
2. Dieses Handicap ist insofern bedeutsam, als wir für die erfolgreiche Bewältigung unserer Managementaufgaben nur mit einer „IT-geprägten" Herangehensweise erfolgreich sein können.
3. Die Auswirkungen unseres Handicaps nehmen kontinuierlich und beschleunigt zu. Gegen diesen Automatismus müssen wir kraftvoll angehen – und dies lebenslang.

Kein Grund zu verzweifeln – jeder Einzelne von uns trägt nämlich hervorragende Fähigkeiten zur Bewältigung von Handicaps und zur Entwicklung von Überlebensstrategien in sich!

Wie groß sind Ihre Defizite?

Test:

a) Kreuzen Sie an: Wie groß ist Ihr IT-Defizit gemessen an der Bedeutung des Themas für Sie? (Vergleichen Sie den Kurztest im 1. Akt)

Groß – schränkt sogar meinen Erfolg manchmal ein	Vorhanden – muss etwas dafür tun	Gering – komme ganz gut über die Runden	Nicht vorhanden – bin auf dem neuesten Stand

b) Sind Sie wirklich bereit, Ihr IT-Defizit abzubauen?

JA ☐   NEIN ☐

3. Akt: Das Beackern

Fallbeispiel

Georg W. ist begeisterter Skifahrer. Er nimmt die Abfahrt zu schnell, der Schnee ist verharscht, er stürzt unglücklich und zieht sich eine komplizierte Fraktur des rechten Handgelenks zu.

Nachdem der Gips ab ist, kann Georg W. die Hand kaum bewegen. Er hat – im wahrsten Sinne des Wortes – ein Handicap. Er möchte nicht mit dieser Einschränkung leben, also ergreift er Maßnahmen: Er streicht sämtliche Morgentermine aus seinem Terminkalender und begibt sich in die Hände einer Krankengymnastin. Die Maßnahme hat Erfolg, er betreibt sie so lange, bis die Hand wieder funktionsfähig ist.

Mit Qual zum Erfolg

Jeder wird dieses Verhalten vernünftig, ja selbstverständlich finden. Alle, die eine Skiverletzung erleiden, handeln so. Wintersaison für Wintersaison. Jeden Einzelnen lehrt die Erfahrung, dass ein Verlust an Funktionsfähigkeit und Geschicklichkeit durch intensives, oft schmerzhaftes Spezialtraining gemildert, meist sogar behoben werden kann.

Sie fangen nicht bei Null an!

Der Vergleich zum IT-Handicap hinkt, könnte man entgegnen, denn bei technologischer Kompetenz gehe es darum, Fertigkeiten, Fähigkeiten und Verhalten *völlig neu* aufzubauen. Falsch: Wir wissen schon viel, können schon viel, sind doch lange schon eingestimmt auf die Bedeutung von Internet & Co. für unser Leben. Das heißt, wir haben eine Basis, auf der wir aufbauen können und müssen – deshalb nur Mut!

Kurztest

(Fortsetzung von Seite 97)

c) Fragen Sie sich einmal selbst: Was tue ich bereits für meine IT-Kompetenz? Notieren Sie Ihre Antworten!

4. Akt: Der Betrug

Die sichernde Kompensation

Noch während der drei Wochen mit Gips hat Georg W. das Schreiben „mit links" gelernt. Nicht schön, aber lesbar. Ein anderes Körperteil hat die Funktion der gehandicapten Hand übernommen.

Diese Art von Kompensation von Schwächen findet sich auch im beruflichen Alltag von Georg W. wieder:

Als sich sein Chef zum jährlichen Gespräch über die Entwicklung der Vertriebseinheit ankündigt, übergibt er die Aufbereitung seiner Zahlen an einen PC-versierten Mitarbeiter. Die Präsentation wird ein Erfolg.

Ein anderes Körperteil, ein anderer Mensch oder das Überspielen von Schwächen helfen uns, ein vorhandenes Defizit auszugleichen – zum Überleben eine absolut sinnvolle Strategie.

Die gefährdende Kompensation

Georg W. ruft seinen Kunden lieber schnell an, weil er mit dem E-Mail immer noch nicht so gut zurechtkommt. Dass er dreimal umsonst Zeit und Konzentration investieren muss, bis er den Kunden endlich erreicht, nimmt er dabei in Kauf. Oder: Er muss der potenziellen Auftraggeberin Sonderkonditionen einräumen, um sie doch noch als Kundin zu gewinnen. Oder: Vielleicht hätte Georg W. eine inhaltlich noch aussagefähigere Präsentation erstellen können, wenn er über die intelligenten Verknüpfungsmöglichkeiten von Charts und Tabellen auf seinem PC Bescheid wüsste.

Diese Kompensation hat auf Dauer einen hohen Preis: Zeit, Geld, Qualität – am Ende kann sie die berufliche Existenz kosten. Denn: IT-Analphabeten in Managementposition werden früher oder später geoutet, weil sie ihre strategische Aufgabe nicht mehr optimal wahrnehmen können.

Auf einen Blick

- **Kompensation** ist *sichernd* in Situationen, in denen kurzfristig ein bestimmtes Ergebnis oder ein Eindruck erzielt werden muss, z. B. zur Vermeidung von Imageschäden.

Wissenswert

„Die Angst klopft an die Tür, das Vertrauen öffnet, und niemand steht draußen."
(Chinesisches Sprichwort)

- **Kompensation** ist *gefährdend* als Strategie zur Vermeidung von Lernsituationen: ein kleiner Betrug an den eigenen Zielen mit großer Langzeitwirkung.

Übung **Wo kompensieren Sie?**

Benennen Sie drei typische Situationen, in denen Sie Ihre IT-Defizite kompensieren, statt sie „anzugreifen".

1) _____
2) _____
3) _____

Vier Schritte zum Erfolg

1. Bewusstsein	⇒ Machen Sie sich die Bedeutung von IT für Ihren beruflichen Erfolg klar.
2. Bekenntnis	⇒ Bekennen Sie sich dazu, wenn Sie ein Defizit haben, und entscheiden Sie sich, das Defizit abzubauen.
3. Beackern	⇒ Setzen Sie sich leistbare, herausfordernde und messbare Ziele und gehen Sie diese mit Engagement, Zeit, Disziplin, Neugier und Vertrauen an.
4. Betrug – nein	⇒ Schaffen Sie sich bewusst Lernsituationen, statt sie zu vermeiden. Wenn Sie kompensieren, müssen Sie sich darüber im Klaren sein, dass Sie einer notwendigen Übung aus dem Weg gegangen sind.

Das Thema IT hat für Manager ab 45 eine herausragende Bedeutung. Deshalb ist es jetzt an der Zeit, Ihnen in einem kleinen Self-Assessment zu verdeutlichen, dass Sie *kein* IT-Analphabet sind.

Viel Spaß beim

IT-Test für Manager

IT-Test für Manager

Wie fit sind Sie in Sachen IT?

(Kreuzen Sie jeweils Ihre Antwort an!)　　　　　　　　　*Test*

1) **Wie gehen Sie mit der E-Mail um?**
   a Diktiere ich meiner Sekretärin in den Stenoblock
   b Bin schon lange autark
   c Rufe lieber persönlich an

2) **Was ist ein Server?**
   a Wellenreiter
   b Englisch für Kellner
   c Zentraler Rechner in einem Netzwerk

3) **Haben Sie schon einmal eine SMS-Nachricht verschickt?**
   a Ja, mache ich regelmäßig
   b Weiß überhaupt nicht, was das ist
   c Empfangen ja – wie geht das Verschicken?

4) **Was ist DTP – Desktop-Publishing**
   a Spezialpflege für den Bildschirm
   b Internetbuchhandel
   c Layout-Programm

5) **Was ist „drag & drop"?**
   a Karibischer Tanz
   b Ziehen und fallen lassen von Objekten
   c Marketingstrategie zur Kundenbindung

6) **Können Sie aus dem Stand sagen, wofür IT steht?**
   a Dauert einen kleinen Moment
   b Nein, ehrlich gesagt nicht
   c Klar: Informationstechnologie

7) **Was ist ein Standardmenü?**
   a Eingangsbenutzeroberfläche einer Software
   b Stammessen in meinem Lieblingsrestaurant
   c Qualitätsmerkmal

8) **Was ist ein Link?**
   a Richtungsangabe auf dem Keyboard
   b Verbindung zu einer Internetadresse
   c Maßeinheit für Fiesheit

9) **Was ist ein Beamer?**
   a Video- und Datenprojektor
   b Cocktail aus Wodka und Orangensaft
   c Teleportationstechnologie aus Raumschiff Enterprise

10) **Der digitale Radiowecker im Hotel**
    a Schon zwei Mal verschlafen, Programmierung wohl falsch
    b Lasse vorsichtshalber das Radio über Nacht laufen
    c Habe ich voll im Griff

Auflösung

1	2	3	4	5	6	7	8	9	10
b	c	a	c	b	c	a	b	a	c

Wie viele Fragen haben Sie richtig beantwortet?

8 – 10 Sie sind fit in Sachen IT – Glückwunsch!

5 – 7   Sie haben ein gutes IT Basis-Know-how – dranbleiben!

0 – 4   Bekennender IT-Analphabet? Änderung fällig!

5.3 Der Flop von Detroit

Fallbeispiel

Regine C. hat im letzten Jahr ihren 50. Geburtstag gefeiert. Ihre Kinder sind aus dem Haus, und sie fühlt sich heute stärker als in den Zeiten ihrer Doppelbelastung.

Kürzlich hat ihre Karriere den erhofften Aufschwung genommen: Sie übernimmt die Nachfolge ihres ausscheidenden Chefs. In ihrer neuen Aufgabe als Bereichsleiterin Personal eines großen mittelständischen Hardware-Produzenten der Elektroindustrie in Jena blüht sie regelrecht auf.

Zuerst baut sie ihre Abteilung systematisch prozess- und kundenorientiert um. Mit ihrer ausgeprägten strategischen Stärke entwickelt Sie sich zur kompetenten Ansprechpartnerin der Geschäftsleitung. Auch in der Zusammenarbeit mit den Bereichsleitern überzeugt sie mit Sachverstand und Durchsetzungsvermögen. Parallel zum Erfolg wachsen ihr Selbstbewusstsein, ihr Mitarbeiter- und Beraterstab und natürlich ihr Gehalt.

Um ein Bein in den attraktiven US-Markt zu bekommen, wird die Fusion mit einem kleineren, am Markt gut positionierten amerikanischen Produzenten aus Detroit/Michigan beschlossen. Der verspricht sich von dem Zusammenschluss neues Investitionskapital. Regine C. wird die Projektleitung für die Integration des Partners in Sachen Personal übertragen. Es ist ihre erste Aufgabe mit internationaler Dimension.

Sie geht die Herausforderung an: Viermal in der Woche kommt der Englischlehrer, sie studiert Bücher über do's und dont's im Land der unbegrenzten Möglichkeiten. Sie befragt Kollegen und Freunde mit US-Erfahrung und erarbeitet sich die Grundlagen des angelsächsischen Arbeitsrechts.

Ihr Auftrag lautet, die personalpolitischen Instrumente beider Unternehmen in Zusammenarbeit mit den Human Resources-Kollegen aus Detroit zu harmonisieren. Gemeinsam mit ihrem Vorgesetzten legt sie die drei Themen mit höchster Priorität fest: Personalplanung für Führungskräfte, ein Bonussystem sowie ein Programm für den Personalaustausch zwischen den Partnern. Die Geschäftsleitung sichert Regine C. ihr uneingeschränktes Vertrauen in deren selbständige Lösung der Aufgabe zu.

Für Regine C. steht der Prozessablauf schon fest: Man wird sich für je einen Tag einmal „drüben" und einmal in Deutschland treffen. Dann müsste der Masterplan stehen, in dem die Zielsetzung, einzelne Arbeitsschritte, Verantwortlichkeiten und Zeitanker im Detail festgelegt sind. Anschließend kann virtuell miteinander gearbeitet werden.

Gleich das erste Arbeitstreffen der Projektgruppe in Detroit wird zum Albtraum:

„Personalplanung für Führungskräfte" – ihre amerikanischen Kollegen verstehen ihr Ansinnen überhaupt nicht. Für sie gilt das Prinzip „Don't plan it – just do it". Wer eine gute Performance zeigt, bekommt direkt Verantwortung und Geld; wenn er morgen nichts leistet, muss er gehen – so what?

Beim Thema „Bonussystem" läuft Regine C. gänzlich auf. Ihre neuen Kollegen erklären ihr kategorisch, dass der Bonus für amerikanische Mitarbeiter ein unantastbares Dogma sei. Wer an diesem Punkt drehe, müsse kräftig drauflegen. Andernfalls sei die Kündigung der Leistungsträger vorprogrammiert.

Wenigstens bei dem geplanten Personalaustausch ziehen die Amerikaner mit – nicht enthusiastisch, aber immerhin einigt man sich auf eine zügige Umsetzung des Programms. Als die ersten Thüringer schon in Detroit eingetroffen sind, ist noch immer keine

Nominierung für einen US-Kollegen bei Regine C. eingegangen. Sie fasst nach und bekommt die Erklärung, dass derzeit keine geeigneten Kandidaten bereit wären, für einen längeren Zeitraum nach Deutschland zu gehen.

Es folgen weitere Treffen ohne Ergebnis. Kurzum: Regine C. scheitert an diesem Auftrag. Durch den auf deutscher Seite erlittenen Gesichtsverlust fühlt sich die Geschäftsleitung zu einem Wechsel in der Projektleitung gezwungen. Es wird kurzfristig ein international erfahrener Personalmanager als Bereichsleiter eingekauft. An ihn berichtet Regine C. künftig mit der ihr verbliebenen Zuständigkeit für das inländische Geschäft.

Wirklich schade. Wäre der Flop für Regine C. vermeidbar gewesen? Wie hätten Sie an ihrer Stelle gehandelt? Entscheidend ist zunächst zu analysieren, in welchem Kontext sich das Geschehen abspielt.

Lesenswert: Unternehmenskultur (Simon, Kucher & Partner, 1999)

Analyse des Kontexts

Die vier Kernfragen

Zunächst gilt es, die *Rahmenbedingungen* zu eruieren:
1. Welche Strategie verfolgt das deutsche Unternehmen bei der Integration des neuen Partners?
2. Welche Interessenlage hat der amerikanische Partner?
3. Verfügt Regine C. über die nötigen Kompetenzen und ein Netzwerk?
4. Welche Unterstützung erfährt Regine C. durch ihre Geschäftsleitung?

1. Vereinigung gesagt – Unterwerfung gemeint

Von den drei am häufigsten bei Unternehmenszusammenschlüssen anzutreffenden, archaischen Grundmustern – *fressen, unterwerfen, sich vereinigen* – verfolgt das deutsche Unternehmen Letzteres: die gute Marktposition des amerikanischen

Unternehmens erhalten bei gleichzeitiger Schaffung einer gemeinsamen Basis an wertebildenden Instrumenten. Diese soll in Kooperation mit dem Partner erarbeitet werden. Dabei erhebt das deutsche Unternehmen den Anspruch auf die Führerschaft in dem Prozess – ein Element aus der Unterwerfung.

2. Buzz off [bəz òf] *am. sl.* Schwirr ab, hau ab

Das amerikanische Unternehmen sieht keinen Vorteil in einer Kulturanpassung. Logische Folge ist der Widerstand bei den Harmonisierungsbemühungen. Das gewählte Verfahren spiegelt keine Gleichwertigkeit des kleineren Partners wider, was dessen ablehnende Haltung verstärkt.

3. Ein Steinchen fehlt

Der Auftrag erfordert eine ausgeprägte fachliche und persönliche Stärke, über die Regine C. fraglos verfügt. Woran es ihr mangelt, ist die *interkulturelle Kompetenz*. Aus Unerfahrenheit im Managen von Projekten mit internationalem Bezug hat sie die entscheidenden Fehler gemacht. Die Einschränkungen im sprachlichen Ausdrucksvermögen haben sie zusätzlich in ihrer Überzeugungskraft und ihrer Risikowahrnehmung beeinträchtigt.

4. Mission Impossible?

Die Geschäftsführung hat die für die Harmonisierung notwendigen Rahmenbedingungen nicht geschaffen: Es mangelt an dem notwendigen Konsens beider Unternehmensleitungen über das Projekt. Zumindest wurde eine solche Plattform offenbar nicht an die Belegschaft der US-Firma kommuniziert. In dieser Situation überträgt die Geschäftsleitung einer auslandsunerfahrenen Managerin einen heiklen Auftrag auf internationalem Parkett – Bonusregelungen z. B. sind in Amerika ein hoch sensibles Thema. Die moralische Unterstützung, die Regina C. durch die Vertrauenserklärung ihrer Chefs erfährt, verleitet sie zur Selbstüberschätzung. Die Folgen daraus darf sie dann auch wieder „selbständig" tragen.

Wissenswert Wie hoch schätzen Sie den Prozentsatz der in der Nachbetrachtung als betriebswirtschaftlich gescheitert zu bewertenden Unternehmensübernahmen und Fusionen? Es sind 80 Prozent! Ursache ist, dass die unternehmenskulturellen Unterschiede der beiden Firmen nicht ausreichend beachtet wurden. Dies gilt bei landesübergreifenden Zusammenschlüssen in besonderer Weise.

Lösungsansatz: Wie wäre der Flop zu vermeiden gewesen?

Welche konkreten Maßnahmen hätte Regine C. treffen müssen, um den Flop zu verhindern?

Maßnahmen

- Klären der erfolgsrelevanten Rahmenbedingungen:
  - Ist die Harmonisierung der Personalinstrumente ableitbar aus den Vereinbarungen der beiden Geschäftsleitungen?
  - Ist diese Vereinbarung verbindlich an die Personalkollegen in Detroit kommuniziert worden?
  - Sorgt die Geschäftsleitung bei dem ersten Besuch in Detroit für ein positives Entree?
- Hinzuziehen von Beratern mit Erfahrung in internationalen Unternehmenszusammenschlüssen und Change-Management.
- Absolvieren eines US-spezifischen interkulturellen Verhaltenstrainings.
- Managen des Projekts mit Konzepten und Methoden aus dem Projekt- und Change-Management.
- Schaffen von Vertrauen, Identifikation, Verbindlichkeit, z.B. durch duale Projektleitung, Brainstorming statt fertigem Masterplan, Raum für Kontakt und Begegnung.
- Die Geschäftsleitung in die Verantwortung bringen.
- Anheben des Sprachlevels auf „verhandlungssicheres" American, nicht Oxford English!

Der Auftrag war für Regine C. unter den gegebenen Rahmenbedingungen in der Kürze der Zeit nicht lösbar – bestimmt aber auch nicht von denen, die ihn erteilt haben. Regine C. hätte den Auftrag in der so gestellten Weise deshalb nicht annehmen dürfen.

Die Ablehnung eines Auftrags ist immer dann die richtige Entscheidung, wenn die Risikoanalyse eine hohe Wahrscheinlichkeit für einen Flop ergibt. Deshalb gilt: Seien Sie sich immer der Freiheit bewusst, auch NEIN sagen zu können! Sie würden ja schließlich auch nicht aus dem Fenster springen, nur weil Ihr Chef Sie dazu auffordert.

Wissenswert

Ausbau Ihrer internationalen Kompetenz

In den kommenden Jahren wird es kaum noch eine Managementaufgabe geben, die nicht im *internationalen Bezug* steht. Je besser Sie darauf vorbereitet sind, desto wirksamer schützen Sie sich vor einem Flop à la Regine C.

Kreuzen Sie die auf Ihre berufliche Situation zutreffenden Maßnahmen an und ergänzen Sie die Liste um Ihre eigenen Punkte:

Checkliste

Sicherheit auf internationalem Parkett

☐ Bringen Sie Ihre Englischkenntnisse auf „working level" – oder diejenige Sprache, die für die Geschäftskontakte Ihrer Firma von spezieller Bedeutung ist.

☐ Bemühen Sie sich aktiv um die Mitgliedschaft in einem internationalen Projekt in Ihrem Hause, in das Sie Ihr fachliches Know-how einbringen können. Vielleicht können Sie auch ein solches Projekt oder eine Kooperationsschiene ins Ausland zu einem Thema, das „in der Luft liegt", initiieren. Versichern Sie sich dabei der Unterstützung Ihrer Vorgesetzten.

☐ Gibt es in Ihrem Haus eine englischsprachige Mitarbeiterzeitung oder fachbezogenes Material? Lassen Sie sich auf die Verteilerliste setzen!

☐ Bauen Sie ein informelles Kontaktnetz zu ausländischen Kollegen bzw. deutschen Kollegen im Ausland auf, z. B. über E-Mail-Chat oder Austausch von Fachpublikationen.

☐ Stellen Sie sich bei Ihrer eigenen Arbeit immer die Frage, ob ein internationaler Bezug herzustellen ist oder es diesen Bezug künftig geben wird. Wenn ja, schenken Sie diesem Aspekt besondere Beachtung und nutzen Sie ihn, um sich frühzeitig in den Prozess einzubringen.

☐ Es gibt Untersuchungen zum Thema „Mentale Internationalisierung", die eine Korrelation zwischen Auslandstourismus und der Anpassungsfähigkeit an fremde Kulturen feststellen. Gehen Sie also an Ihre nächste Urlaubsreise mit Offenheit und Neugier heran!

„Life is what happens when you're busy making other plans." (John Lennon)

☐ _____

☐ _____

Aktionsplan

Vorsicht, Falle!

So bauen Sie ein Frühwarnsystem für „systembedingte" Fallen auf

Auf den folgenden Seiten schärfen Sie Ihre Wahrnehmung für berufliche Risiken der Zukunft und ergreifen Maßnahmen, um eventuelle Defizite gezielt abzubauen.

1. Wo stehen Sie?

Analysieren Sie Ihr berufliches Kompetenzprofil speziell unter dem Aspekt „Risiken für Manager ab 45". Nehmen Sie sich dafür etwas Zeit und setzen Sie sich an den PC. Orten Sie als Ihr persönlicher Risikoanalyst mögliche Gefahren, die sich in absehbarer Zukunft realisieren könnten. Planen Sie Vorsorgemaßnahmen und steigern Sie Ihre Wahrnehmung für Risiken.

So gehen Sie vor:

- Listen Sie die wichtigsten externen und internen Trends mit ihren Auswirkungen auf Ihr direktes Arbeitsumfeld auf.
- Reflektieren Sie und messen Sie Gegebenheiten und Muster, die regelmäßig zu Versäumnissen, Blockaden, Tabuisierung bestimmter Themen, Fehlermeldungen führen.
- Beschreiben Sie das Schlimmste, was beruflich passieren kann (worst scenario), und planen, was bei dieser Gefahr zu unternehmen ist.
- Kalkulieren Sie zum Schluss, welcher „Preis" für die Prophylaxe zu bezahlen ist, und gleichen Sie diesen mit dem Preis ab, den die mögliche Realisierung des Risikos kosten würde.

Wenn Sie sich für den Weg einer aktiven Risikovorsorge entschieden haben, geht es konkret weiter:

2. Wo wollen Sie hin?

Formulieren Sie jetzt ein Ziel, das Sie erreichen müssen, damit sich Ihr berufliches Risiko wesentlich verringert. Sie sollten das Ziel kurzfristig angehen und innerhalb von sechs Monaten erreichen können.

So gehen Sie vor:

- Geben Sie sich ein Ziel vor, das Sie sehr konkret formulieren und in mehrere Teilziele unterteilen.

  Ziel: _____

  _____

  Teilziele: _____

  _____

- Prüfen Sie Ihre emotionale Identifikation mit dem gesetzten Ziel.

3. <u>Welche</u> Maßnahmen werden Sie konkret <u>wann</u> ergreifen?

Zur Planung jeder Reise gehört die Beachtung möglicher Risiken und Abweichungen sowie das Treffen von Vorsorgemaßnahmen, z. B. sich impfen zu lassen. Planen Sie Ihre Vorsorgemaßnahmen und setzen Sie sich Zeitanker, damit Ihnen immer gegenwärtig ist, bis wann Sie welche Schritte gemacht haben müssen.

So gehen Sie vor:

- Erstellen Sie einen Risiko-Management-Plan (Diagnose und „Impfplan").
- Stellen Sie in Gedanken Warn- und Verbotsschilder bei risikobehafteten Themen oder Situationen auf.
- Legen Sie Beginn und Abschluss der Maßnahmen fest.

  Beginn: _____ Abschluss: _____

- Folgende Personen möchten Sie zur Unterstützung/zum Coaching mobilisieren:

  _____

4. Wann haben Sie Ihr Ziel erreicht?

In dem Veränderungsprozess werden Sie Erfahrungen gemacht und Kompetenzen entwickelt habe, die für die Zukunft unerlässlich sind. Doch haben Sie Ihr Ziel vollständig erreicht?

So gehen Sie vor:

▶ Prüfen Sie, ob sich an Ihrer Situation nach Ende der Maßnahmen etwas wesentlich und konkret geändert hat. Fühlen Sie sich den Risiken der Zukunft gegenüber besser gewappnet?

▶ Arbeiten Sie alle wichtigen Ergebnisse heraus, die sich positiv und evtl. auch unerwartet ergeben haben.

▶ Entscheiden Sie, ob das gesetzte Ziel als erreicht angesehen werden kann und wie an der Risikovorsorge weiterzuarbeiten ist.

Wenn Sie auf diese Weise für die Zukunft gerüstet sind, können Sie entweder direkt zu Kapitel 6 übergehen oder Sie blättern zurück zur **Situationsanalyse** *und beschäftigen sich dort mit Abschnitt 6.*

6 Selbstmarketing – Schritte zum Erfolg

Der neue Anspruch an Manager, künftig als „Unternehmer im Unternehmen" zu agieren, lässt das Thema Eigenmarketing als neue inhaltliche Dimension in unser Bewusstsein rücken. In diesem Kapitel lernen Sie die Verbindung von inneren Werten und äußerem Auftritt im Sinne einer authentischen Präsentation der eigenen Person kennen. Sie erfahren, wie Sie Ihren persönlichen Marketingplan aufstellen und mit Erfolg umsetzen.

6.1 Die Philosophie des Selbstmarketings

Rollengegensätze lösen sich auf

Entwicklungen in Wirtschaft, Technik und Gesellschaft setzen einen interessanten Auflösungsprozess von jahrhundertelang gewachsenen Rollengegensätzen in Gang: Kunden werden von Unternehmen aktiv in den Prozess der Produktentwicklung und -vermarktung einbezogen, Mitarbeiter werden über Optionsscheine zu Anteilseignern bei ihrem eigenen Arbeitgeber, die Obrigkeit in Form staatlicher Einrichtungen entwickelt sich zum Dienstleister für den „Kunden Bürger", Katholiken empfangen das Heilige Abendmahl aus der Hand eines protestantischen Pfarrers und abhängig Beschäftigte entwickeln sich innerhalb ihres Dienstverhältnisses zu Selbstunternehmern. Wie gehen wir mit diesem Paradoxon um?

„Selbstmarketing ist nicht mit Eitelkeit zu verwechseln."

Orientierung durch die persönliche Philosophie

Rollengegensätze sind diskrepant und stehen in dieser Weise in Beziehung zueinander, sie erzeugen Spannung und gehören gerade deshalb dem gleichen System an. Rolleninhaber sind in der Ausübung ihrer Rolle meist sehr eindeutig und stringent, aber damit auch statisch. Deshalb erleben wir heute beim Lösen selbstorganisierter Aufgaben Rollenvorgaben eher als Einschränkung denn als Hilfe.

Wir sind durchaus in der Lage, Aufgaben, die konkurrierende Anforderungen an uns stellen, auch ohne Rollenvorgabe zu erfüllen. Dafür schaffen wir Rahmenbedingungen, unter denen Innovation, Flexibilität und Selbständigkeit einzubringen sowohl möglich als auch nötig werden. Mit dieser Strategie haben wir eine Basis geschaffen, auf die ausgedienten Rollenvorgaben verzichten zu können.

Wenn Gegensätze drohen, uns innerlich zu zerreißen, setzen wir einen Mechanismus in Gang, der das für uns nötige Minimum an Harmonie und Einheit wiederherstellt: Wir kämpfen darum, Widersprüche miteinander zu befrieden, indem wir so lange suchen, bis wir einen gemeinsamen Nenner, eine Schnittmenge gefunden haben. Je mehr uns die Vielfalt in unserem Leben in der Ausbalancierung von Gegensätzlichkeiten fordert, desto stärker wächst unser Bedürfnis nach einer starken eigenen Identität. Unsere Identität gibt uns die Sicherheit, die Kraft und die Orientierung, um unsere auseinanderbrechende Welt immer wieder zusammenzuklammern. Unser Profil schärft sich darüber und unsere Persönlichkeit gewinnt an Tiefe und Breite (vgl. Trout, 2002).

Seit Menschengedenken werden Fragen nach der Sinnhaftigkeit des Seins gestellt: „Wer bin ich?", „Wo stehe ich?" und „Wo will ich hin?". Für die Orientierung von Menschen in unserer sich individualisierenden Gesellschaft gewinnt die Auseinandersetzung mit diesen Fragen eine lebensnotwendige Dimension. Was wir auf der Handlungsebene noch als Gegensätze erleben, fügt sich durch unsere Philosophie und die darin verankerten und gelebten Werte zu einem Ganzen.

Der Anspruch an den Selbstunternehmer

Betrachten wir nun das veränderte Aufgabenszenario in der Arbeitswelt genauer: Der Anspruch an Arbeitnehmer, künftig mit dem Bewusstsein eines Selbstunternehmers zu agieren, stellt dort fraglos den weitreichendsten Paradigmenwechsel dar. Welches sind die wesentlichen Kriterien, die das Bild vom Selbstunternehmer prägen?

- Der Mitarbeiter trägt die Verantwortung für den Verlauf seines beruflichen Lebens.
- Der Mitarbeiter muss aktiv das einfordern, was zur Erfüllung seiner Aufgabe nötig ist, z. B. Budget für berufliche Weiterbildung.
- Aufgabe des Wertes „Loyalität" im Sinne eines von Treue, lebenslanger Fürsorge, Versorgungsdenken geprägten Dienstverhältnisses.
- Gegenseitige Beanspruchung von „Freizügigkeit", das heißt einseitige Trennung nach Bedarf, Verkauf der eigenen Ressource am freien Arbeitsmarkt.
- Der Mitarbeiter ist Partner statt abhängig Beschäftiger/Bediensteter/Untergebener.

„Aus der Verantwortung für sich selbst erwächst eine neue Freiheit."

Selbstunternehmertum versus Sozialisation

Reife ManagerInnen haben vielfach das Selbstunternehmertum schon gelebt, als der Begriff noch gar nicht existierte. Insofern kommt ihnen die Stärke der Erfahrung bei der Bewältigung der neuen Anforderung zweifellos zugute.

Wir dürfen aber gleichwohl nicht außer Acht lassen, dass die grundlegende Sozialisierung dieser Generation von ganz anderen Werten geprägt ist: der Glorifizierung preußischer Tugenden, einer obrigkeitsgläubigen Erziehung und einer hohen Akzeptanz von institutionellen und familiären Autoritäten. Damit der Dissenz zwischen der eigenen Prägung und dem neuen Anspruch die Erfolgsperspektiven von Managern ab 45 nicht verengt, bedarf es eines umfassenden Konzepts.

Der Auftritt einer individuellen Persönlichkeit

Wenn unsere persönliche Philosophie der Grundstein für unsere Identität ist, müssen wir uns auch um die Frage kümmern, wie wir in dieser Philosophie unserer Umwelt gegenüber authentisch wirken. Dem Menschen wohnt das Bedürfnis inne, sein Umfeld mit einer wie auch immer gearteten Botschaft an seine Mitmenschen zu gestalten. Versuchen wir uns als ein System zu verstehen, das dann zufrieden und erfolgreich lebt, wenn es ihm gelingt, seine individuelle Identität und seine daraus entstehende Botschaft in geeigneter Form nach außen zu vermitteln und umzusetzen.

Das Bekenntnis zur Marke

"Man kann die Welt ändern – oder sich selbst. Das Zweite ist schwieriger."
(Mark Twain)

Eine Marke muss in sich stimmig sein, wenn sie am Markt erfolgreich sein will. Genauso stimmig müssen wir – trotz komplexer Anforderungen – auftreten, wenn wir unsere Botschaft vermitteln wollen. Diesem Vergleich könnte entgegengehalten werden, dass man Menschen nicht „vermarkten" darf. Um kein Missverständnis aufkommen zu lassen: Es geht hier keineswegs um eine „Kommerzialisierung" des Menschen, sondern um einen höchst wertebezogenen Ansatz. Wir wollen den Gedanken in Ihnen entzünden, dass Sie erfolgreicher und selbstbestimmter leben, wenn Sie sich im Sinne einer „Marke" verstehen: höchst individuell, werteorientiert, in sich stimmig, nach außen authentisch, in der Vermittlung Ihrer Botschaft überzeugend und stark. In diesem Verständnis verwenden wir im Folgenden den Begriff des Selbstmarketings.

Das Modell „Selbstmarketing"

6.2 Mein persönlicher Marketingplan

Unsere Lebensziele leiten wir aus unseren Grundwerten und unserer Lebensphilosophie ab. Je näher wir der Verwirklichung dieser Lebensziele kommen, als umso erfüllter empfinden wir unser Leben.

Als soziales Wesen hängt unser Glück maßgeblich davon ab, wie wir uns in unsere Gemeinschaft einbringen und dort positionieren. Dies ist ein Prozess, den wir aktiv managen müssen. Selbstmarketing gibt uns dafür das Steuerungsinstrument an die Hand. Denn Selbstmarketing bedeutet, die eigenen Lebensziele wirkungsvoll umzusetzen: zu wissen, was will ich, wo ich stehe und was ich tun muss. Für die Perspektiven von ManagerInnen sind diese Fragen in hohem Maße erfolgsrelevant, wenn die Erkenntnisse daraus systematisch in Handeln umgesetzt werden. Aus diesem ganzheitlichen Ansatz leitet sich ein einheitliches Konzept des Außenauftritts ab, nämlich die Entwicklung zur Marke – mit einer Botschaft, einem Image, einem Profil und einem Gütesiegel.

Wissenswert Es gibt einen interessanten Trend in der modernen Marketinglehre: Marken werden zur Persönlichkeit aufgebaut.

Machen wir uns die Gesetze des Marketings zu eigen und bauen wir unsere Persönlichkeit zur Marke auf! In diesem Sinne: Erstellen Sie Ihren *persönlichen Marketingplan* für das Managen Ihres beruflichen Erfolges nach den „Vier Phasen des Modells Selbstmarketing" – und begleiten Sie Heinz R. in seiner konkreten Markenbildung.

Phase I – Identitätsfindung

Hier geht es um die Fragestellung: Wer bin ich? Wo will ich hin?

1. Schritt

Bestimmen Sie Ihre **beruflichen Grundwerte,** indem Sie aus den 13 nachfolgend aufgeführten Kriterien die sieben für Sie wichtigsten Punkte in eine Rangfolge bringen und diese in der zweiten Spalte eintragen. Fragen Sie sich hierzu: *„Welche Kriterien müssen in meinem Berufsleben erfüllt sein, damit ich zufrieden und erfüllt bin?"*

Kriterien für meine berufliche Lebensgestaltung	meine persönliche Bewertung Rangfolge 1 – 7	derzeitige Ausprägung 1 5
Wechselnde Aufgaben		
Umgang mit Menschen		
Wertebezogene Inhalte		
Hohe Selbständigkeit		
Work-Life-Balance		
Interkultureller Bezug		

Kriterien für meine berufliche Lebensgestaltung	meine persönliche Bewertung Rangfolge 1 - 7	derzeitige Ausprägung 1 5
Prägende Gestaltung		
Standortsicherheit		
Gute Stimmung im Team		
Interessanter Arbeitsinhalt		
Karriere		
Arbeitsplatzsicherheit		
Führungsverantwortung		

2. Schritt

Prüfen Sie nun, inwieweit Ihre derzeitige Aufgabe mit Ihren *beruflichen Zielsetzungen* übereinstimmt. In Spalte 2 hatten Sie die für Ihr berufliches Leben wichtigsten Kriterien bestimmt. Die Frage lautet: *„Wie hoch ist der Grad der Ausprägung dieser Kriterien in meiner derzeitigen beruflichen Realität?"*
Tragen Sie das Ergebnis in die dritte Spalte ein und ziehen Sie Bilanz in puncto Übereinstimmung. Wenn von Ihnen mit Priorität versehene Kriterien tatsächlich nur gering ausgeprägt sind, liegt dann darin möglicherweise der Ansatz für eine neue Ausrichtung Ihrer „Marke"?

Fallbeispiel

Heinz R. kommt zu uns zur Beratung, um sich Unterstützung in einer kritischen Situation zu holen. Seine neu eingesetzten Chefs haben ihn gerade im Zuge einer Umstrukturierung aus seiner Position herauskatapultiert. In „seinem" Kästchen im Organigramm steht nun Anonymus N.N., weil „wir Sie ja im Moment noch gar nicht richtig kennen".

Bevor wir in seinen Fall einsteigen, hören wir Heinz R. aufmerksam zu: Seit fast 20 Jahren betreut er als Produktmanager eine

Spezialsparte in einer großen Versicherungsgesellschaft. Er ist mit seinem Produkt gewachsen und sein Produkt mit ihm. In seiner Firma gilt er als unumstrittener Experte auf seinem Gebiet; seine Vorgesetzten können seine Arbeit aber auf Grund der Spezialisierung eigentlich nicht richtig bewerten.

Aus der „Politik" im Unternehmen hat sich Heinz R. immer herausgehalten und wird von den Kollegen auf seiner Ebene auch nicht als interessanter Partner im Spiel der Terrainausweitung, der Intrigen und Eitelkeiten betrachtet. Politik macht Heinz R. schon seit Jahren lieber ehrenamtlich in den kommunalen Gremien, die restliche Freizeit verbringt er als engagierter Familienvater mit Frau und drei Kindern. Über die Jahre hat er sich – neben einigen Kilos – eine gewisse Nonchalance und Gemütlichkeit zugelegt, die ihn von seinen bissigen jüngeren Mitstreitern auf sympathische Weise unterscheidet.

Die Phase I seines Marketingplans, bei dessen Aufstellung wir Heinz R. begleiten, ist zügig und mit einem klaren Ergebnis abgeschlossen: Seine Zufriedenheit leitet sich aus den Begriffen Work-Life-Balance, interessanter Arbeitsinhalt, gute Stimmung im Team und Umgang mit Menschen ab. Diese Anforderungen an das Berufsleben sind kongruent mit seiner Aufgabe – nur die wurde dummerweise gerade zur Disposition gestellt ... Das Ziel von Heinz R. lautet also, die eigene Marke so auszurichten, dass er sich künftig in dieser oder einer vergleichbaren Aufgabenstellung verwirklichen kann.

„Auch ein Tritt in den Hintern bedeutet einen Schritt vorwärts."
(Marcello Guitry)

Phase II – Profilierung

Die Kernfrage lautet hier: „Wie entwickle ich ein Profil? Wie schärfe ich mein Profil?"

1. Schritt

Eine gründliche **Portfolio-Analyse** Ihres Vermögens stellt die Grundlage Ihrer Profilierung dar. Die Definition dessen, was Sie vermögen, also Ihrer Qualifikation, leitet sich aus folgenden Quellen ab:

▶ aus einer Stärken-Schwächen-Analyse, wobei die Unterscheidung in Fach-/Methoden-/Sozial- und Persönlichkeitskompetenz bei der Strukturierung hilft (vgl. „Mein Persönliches Kompetenzprofil" aus Kapitel 4.6);

- aus der Prüfung vergangener, besonderer beruflicher Erfolge/Misserfolge auf wiederkehrende Stärken-Schwächen-Muster hin;
- aus Persönlichkeitsanalysen/Self-Assessment;
- aus wissenschaftlich basierten Tests, die einfach handhabbar bei vertretbarem Zeit- und Kostenaufwand sind (z.T. PC-gestützt), diese können wichtige Anhaltspunkte liefern. Beispiele: Herrmann Dominanz Instrument (Herrmann Institut Deutschland GmbH), BIP (Ruhr-Universität Bochum, Fakultät für Psychologie), DISG-Persönlichkeits-Profil, F. Gay, Verlag Gabal;
- aus formellen Rückmeldungen, standardisierten Beurteilungen, z.B. Zielerreichungsgespräch, 365°-Beurteilung, Vorgesetztenbeurteilung, eingeschränkt auch aus Zeugnissen;
- aus Selbstreferenz/Feedback;
- aus unaufgeforderten sowie erbetenen Rückmeldungen auf verbaler, non-verbaler und paraverbaler (Modulation der Stimme) Ebene.

2. Schritt

Der **Trainingsplan** leitet sich unmittelbar aus der Qualifikationsanalyse mit dem Ziel ab, Kompetenzdefizite zu reduzieren, Stärken zu vertiefen und zukunftsrelevante Kompetenzen aufzubauen. Machen Sie sich für Ihre Profilierung die Trends in der Weiterbildung zu Nutze, denn sie folgen oder antizipieren künftige Anforderungen an Ihre Marke. Hier die wichtigsten Trends:

- Betriebliche Weiterbildungsmaßnahmen sind für Sie als Selbstunternehmer zur Holschuld geworden – organisieren Sie sich fachliche Beratung und fordern Sie das Budget für die gewählten Maßnahmen ein.
- Praxisbezogenes On/Beside-the-job-Training ist für viele Themen wirkungsvoller als Seminare, z.B. in Lernzirkeln, durch Jobrotation und Projektmitarbeit.
- Mit interaktivem CBT (Computer-based-Training) in virtuellen Welten erweitern Sie Ihren Horizont um eine neue Dimension.

> Bei erlebnisorientiertem Persönlichkeitstraining lernen Sie sich in Grenzwertsituationen kennen, z. B. beim Outdoor-Training. Sie können sich Lernsituationen aber auch selbst schaffen, indem Sie z. B. Ihren nächsten Urlaub noch stärker auf selbstorganisierte Erlebnisse ausrichten.

> Training der Zukunft ist im Sinne eines neuen Verständnisses von Dienstleistung auf die Förderung der Fähigkeit ausgerichtet, sich in den Kunden „auf der anderen Seite" hineinzuversetzen, z. b. durch Praktika „an der Front" in stark vertriebsorientierten Branchen wie Gastronomie oder Autovermietung.

> Noch ein Trend: Der Kompetenzbegriff in Amerika beinhaltet seitens der Unternehmen zunehmend ehrenamtliche soziale Arbeit, weil darüber die Persönlichkeit an Tiefe gewinnt. Unabhängig davon, ob sich dieser Trend auch bei uns durchsetzt – kaum etwas fordert die Persönlichkeit so grundlegend wie die Arbeit mit behinderten Kindern, Kranken oder Obdachlosen.

Expertentipp

Das Leben ist der beste Trainer. Will sagen: Die besten Trainingseinheiten sind die, die Sie sich selbst verordnen. Weil Sie täglich und in jedem Lebensbereich üben können, Ihre Identifikation mit dem Trainingsziel hoch ist und Sie die Wirkung und den Fortschritt Ihrer Bemühungen schnell und unmittelbar spüren.

3. Schritt

Für die Analyse Ihres **persönlichen Auftritts** kommen Sie nicht umhin, sich temporär in eine kritisch-distanzierte Haltung zu sich selbst zu begeben. Es lohnt sich, denn Sie können schon mit kleinen Veränderungen große Erfolge erzielen!

Ihre persönliche Ausdrucksstärke und deren bewusster Einsatz stehen außerdem in einer direkten Wechselwirkung zu Ihren inneren Werten. Denn Ihre Überzeugungen transportieren Sie allein über Ihre Selbstdarstellung. Eine wirkungsvolle Präsentation stärkt wiederum Ihr Selbstbewusstsein und Ihre Selbstakzeptanz, womit die Einheit zwischen Innen und Außen, zwischen Form und Inhalt geschlossen ist. Unsere Sprache drückt dies mit dem Begriff der „Haltung" in seiner doppelten Bedeutung aus.

Sie wirken von Kopf bis Fuß. Ihr Erscheinungsbild muss zu Ihnen und zum Kontext Ihres Arbeitsumfeldes passen. Diese Stimmigkeit zu erzielen, ist die Zielsetzung vieler Firmen, die ihren im Kundenkontakt stehenden MitarbeiterInnen professionelle Typberatung anbieten.

Lassen Sie sich spielerisch auf die Verbesserung Ihres persönlichen Auftritts ein!

4. Schritt

Stellen Sie Ihre **kulturelle Passung** für Ihr Unternehmen fest und richten Sie sich danach aus – soweit nicht Ihre Grundwerte oder die Aufgabenstellung dagegensprechen:

Sie stellen sich dazu Ihr Unternehmen als ein Haus vor. Beschreiben Sie Gebäudezustand, Baustil/e, Umfeld, Keller, Einrichtung, Garten, Lichtquellen, Nachbarn, Technisierung, offene/geschlossene Türen, Dekoration, stillgelegte Flügel, Anbauten.

Versetzen Sie sich gedanklich in dieses Haus und beantworten Sie die Fragen: „Fühle ich mich wohl in diesem Haus, gibt es einen bestimmten Bereich, in dem ich mich unwohl fühle, und wenn ja, warum? Stehen Umbaumaßnahmen an und welche Auswirkungen haben diese auf mich? Möchte ich noch lange in diesem Haus wohnen bleiben? Was muss ich ändern, um mich wohler zu fühlen?"

„Das Sein bestimmt das Bewusstsein – und anders herum."

Ergreifen Sie geeignete Anpassungsmaßnahmen. Wenn Grundwerte davon tangiert sind, prüfen Sie gründlich, ob Sie dies auch wirklich wollen. Verbiegen nein – aber erklären Sie auch keine Äußerlichkeiten vorschnell zur Philosophie.

5. Schritt

Analysieren Sie die **mittelfristige Sicherheit** Ihres Arbeitsplatzes unter folgenden Aspekten:

▸ struktur-, branchen- unternehmens-, arbeitsplatzbezogene Entwicklungen
▸ Einstellung zu Frauen in Führungspositionen
▸ Trend zu jugendzentrierter Personalpolitik

▶ Grad der fachlichen und persönlichen Wertschätzung, die Sie von Ihren Vorgesetzten/KollegInnen/MitarbeiterInnen erfahren
▶ besondere Störfaktoren/Konfliktfelder im Arbeitsumfeld

Expertentipp

Diesen Risiko-Check sollten Sie angesichts der schnellen Änderungen im Arbeitsleben unbedingt in regelmäßigen Abständen durchführen. Setzen Sie dabei auch die Methodik des „worst scenario" ein – nicht um Unsicherheit zu schaffen, sondern um nicht überrascht zu werden. Dazu gehört, eine berufliche Alternativplanung in der Schublade zu haben (Schummelzettel-Effekt).

Fallbeispiel

In der Phase II des Marketingplans ergibt das Stärken-Schwächen-Profil von Heinz R. eine sehr hohe Fach- und Sozialkompetenz, dagegen Defizite in der Persönlichkeitskompetenz, was die Selbstpräsentation angeht. Obwohl er sein gering ausgeprägtes Eigenprofil als Ursache für die mangelnde Akzeptanz seiner neuen Vorgesetzten sieht, baut sich bei Heinz R. zunächst ein Widerstand gegen Veränderungen in diesem Punkt auf. Ausführliche Gespräche über die Ethik der Selbstdarstellung schaffen schließlich die nötige Bereitschaft, sich auf den Gedanken der Veränderung einzulassen und sich konkrete Maßnahmen aufzuerlegen, die wir im Folgenden auszugsweise wiedergeben:

▶ sich selbst Weiterbildungsmaßnahmen zum Thema Eigenpräsentation organisieren; buchen eines Englischkurses, um sich fit für die anstehende Internationalisierung seines Geschäfts zu machen
▶ Horizont erweitern durch Organisieren einer Mitarbeit in einem ressortübergreifenden Projekt
▶ Aufbauen einer Mitarbeit im Bundes-Fachverband
▶ Ausmisten des Kleiderschranks und Einkleiden „einen Level höher" unter Hintanstellung des Familienbudgets
▶ Straffen der Selbstorganisation zum Schaffen zeitlicher Freiräume
▶ Anmelden als Referent für interne Nachwuchsseminare
▶ Beantragen eines Laptops und eines Organizers
▶ Einholen von Feedback der eigenen Mitarbeiter durch informelle Vorgesetztenbeurteilung

Phase III – Selbstdarstellung

Hier geht es um folgende Fragen: *"Welchen Nutzen erbringe ich meinem Arbeitgeber? Wie lautet meine Botschaft? Wie stelle ich mich auf?"*

Im Dienstleistungsbereich ist die Nutzenbeschreibung an die Stelle des Produktverkaufs getreten. Wenn Sie an Ihrer Marke arbeiten, verkaufen Sie sich dabei nicht als Mensch, sondern Sie verkaufen den Nutzen, auch *Mehrwert* oder *added value*, den Sie einem Unternehmen erbringen können. Denn: *Wer keinen Kunden hat, ist überflüssig.*

Wissenswert

1. Schritt

Jede Marke braucht eine **Botschaft**, mit der sie antritt, den Markt zu erobern. Damit die Botschaft gehört wird, muss sie:

- eindeutig sein,
- die eigene Identität repräsentieren,
- das „Was" und „Wie" der Marke modellieren,
- ihre Einmaligkeit herausstellen,
- etwas Neues bieten,
- die Unterschiede zu anderen aufzeigen,
- eine emotionale Mission haben, begeistern können.

Mit einer solchen Botschaft entwickelt die Marke im Laufe der Zeit ein Image und kann sogar zum Gütesiegel werden.

Auf der Suche nach Ihrer persönlichen Botschaft lassen Sie sich von diesen Maßgaben leiten. Holen Sie das Beste aus sich heraus, erfinden Sie sich neu und denken Sie an das Wichtigste im Hinblick auf Ihr Gegenüber: *touch the emotion!*

2. Schritt

Das **Markenprofil** wird aus der kundenadressierten Beschreibung Ihrer Dienstleistung nach den folgenden fünf Punkten gebildet:

1. Dies ist die **Qualifikation**, die ich einbringe.
2. Dies zeichnet meine **Qualität** und **Leistungsfähigkeit** aus.

3. Dies macht den **Wert** und den **Preis** meiner Leistung aus.
4. Dies ist die Art und Weise, in der ich meine **Innovationsfähigkeit** einbringe.
5. Dies ist mein **Image** und **Ansehen**, das ich durch Kommunikation, Leistung und Kompetenz erworben habe.

3. Schritt

Die **Beschreibung des Nutzens** der Dienstleistung in einer rein kundenzentrierten Betrachtung ist der wesentliche Ansatz bei der Markenbildung.

Übung **Anzeigen konzipieren**

Sie erhalten die Möglichkeit, auf einer Viertelseite im Anzeigenteil einer renommierten überregionalen Zeitung für sich zu werben. Stellen Sie Ihre Vorteile in der Anzeige so dar, dass Sie damit mindestens 10 qualifizierte Anfragen erzeugen.

Beachten Sie dabei folgende Kriterien: Zielgruppe, Region, Tätigkeitsfeld, Arbeitsbedingungen, Umgang mit Menschen, Verantwortung, Werte, Kultur, Gehalt.

4. Schritt

Eine **Marktanalyse** des internen und externen Arbeitsmarktes justiert die Positionierung der Marke. Der Überblick über Ihre Beschäftigungsfähigkeit, über Marktentwicklungen und -konditionen bestimmt Ihre Selbstdarstellung. Das hält Sie flexibel und verleiht Ihnen Sicherheit.

Bedienen Sie sich bei Ihrer eigenen Marktforschung der Informationsquellen Ausschreibungen, Stellenanzeigen, Wirtschaftspresse, Firmenbroschüren, Berufsverbände/Kammern, Internet, Karriereberatung, Arbeitskontakte/Netzwerke.

5. Schritt

Dem Einsatz von **Kompensation** bei Defiziten liegt der Konflikt zwischen einer möglichst erfolgreichen Selbstdarstellung und der Tatsache zu Grunde, dass eine Leistung nicht erbracht werden kann. Wir lösen diesen Konflikt meist unbewusst täglich und auf vielfältige Weise. Für eine authentische und gleichwohl positive Selbstdarstellung gibt es Regeln:

▸ Sie müssen nicht vor lauter Ehrlichkeit Negativwerbung für sich machen, wenn Ihre Ehrlichkeit den Kundennutzen nicht mehren, Ihnen aber schaden würde! Beispiel: Statt Ihrem Vorgesetzten zu beichten, dass Sie ein IT-Analphabet sind, kaschieren Sie Ihr Problem lieber noch so weit wie möglich und nutzen Sie die Zeit, um das Defizit schnell abzubauen.

▸ Wenn Sie etwas nicht leisten können oder wollen, kann Sie ein klares „Nein" vor dem Scheitern bewahren – nehmen Sie im Einzelfall eine Schadensabwägung vor. Dies gilt auch, wenn Sie in Widersprüche zu Ihren eigenen Werten, Zielen oder Lebensumständen geraten und diese nicht lösen können.

▸ Die oberste Grundregel lautet: Je authentischer Ihre Selbstdarstellung ist, desto glaubwürdiger werden Ihre Botschaften aufgenommen. Längerfristige oder gewichtige Kompensation wird früher oder später wahrgenommen und dann so sanktioniert, dass die gesamte Person auf Dauer negativ belegt ist. Also: Legen Sie nicht ins Schaufenster, was Sie nicht verkaufen können!

„*Erfahrung sagt gar nichts – man kann eine Sache auch nach 35 Jahren schlecht machen.*" (Kurt Tucholsky)

Fallbeispiel

In Phase III seines Marketingplans beginnt Heinz R. zuerst zögernd, dann mit Spaß und im Verlauf sogar mit Begeisterung an seiner Selbstdarstellung zu feilen: Er professionalisiert zunächst seinen schriftlichen Auftritt. Beim Zusammentragen seines Lebenslaufs und des Know-how-Profils (in ein anständiges Foto hat er auch investiert) ist ihm aufgegangen, wie viele Aufgaben er in seinem Berufsleben schon mit Erfolg bewältigt hat, welches enorme Spezialistenwissen er über die Jahre aufgebaut hat und wie viele zufriedene Mitarbeiter „durch seine Hände" gegangen sind, zu deren Entwicklung er etwas beigetragen hat. Als er uns schließlich seine nun perfekten Unterlagen präsentiert, ist die Arbeit **über** sich selbst schon zur Arbeit **an** sich selbst geworden. Er hat sich selbst entdeckt!

Die Zeit ist jetzt reif, mit Heinz R. über das Thema „äußeres Erscheinungsbild" zu sprechen. Er trennt sich enorm schwer von dem treuen, karierten Sakko, in dem er sich immer wohl gefühlt hat und vor allem sicherer als in dem neuen dunkelgrauen Zwirn. Aber die positive Reaktion seiner Umwelt – einschließlich die seiner Frau – lässt ihn seine alte Sicherheit, buchstäblich im neuen Gewande, wiedergewinnen: Seine Haltung hat sich verändert, es ist mehr Spannung in ihm spürbar, er streckt sich nach oben.

Zu seiner Imagekampagne gehört auch die Gestaltung seines Arbeitsumfeldes. Dies bedeutet für Heinz R. den Abschied von dem traurigen Kakteengewächs auf der Fensterbank und den mit Klebefilm am PC angebrachten Urlaubsgrüßen der letzten Jahre.

Als Nächstes organisiert Heinz R. sein Netzwerk neu: Er führt ein Kontaktgespräch mit der für ihn zuständigen Personalbetreuerin. Dass von dieser Stelle ein sehr kompetentes und engagiertes Coaching angeboten wird, war ihm zuvor gar nicht klar. Als Folge dieses neuen Kontaktes wird ihm ein interessanter Trainee zur Ausbildung und Unterstützung zugewiesen.

Aus der Marktanalyse zieht Heinz R. zwei Erkenntnisse: Erstens ist sein Arbeitsplatz strukturell nicht gefährdet und zweitens ist er hoffnungslos unterbezahlt. Das Vergütungsthema wird Heinz R. offensiv im nächsten Zielvereinbarungsgespräch aufnehmen. Obwohl sein oberstes Ziel lautet, die bisherige Aufgabe zu behalten, wirft Heinz R. Stellenanzeigen nicht mehr wie früher ungelesen weg. Wir kommen aber überein, von einer Testbewerbung zum jetzigen Zeitpunkt vorsichtshalber abzusehen – schade, denn dies ist immer noch der sicherste Marktcheck. Aber die Gefahr des Bekanntwerdens eines solchen Vorstoßes im eigenen Haus wäre bei diesem Spezialistenjob zu groß.

Phase IV – Beziehungen gestalten

„Verbringen Sie Ihr Leben damit, Freundschaften zu schließen."

Hier geht es um folgende Aspekte: *Wie kommuniziere ich meine Botschaft und den Nutzen, den ich erbringe? Wie präsentiere ich meine Person?*

1. Schritt

Jede Botschaft ist nur so gut, wie sie kommuniziert wird. Eine wirkungsvolle **Akquise** ist das A und O des Selbstmarketings.

Sie wissen, der Mensch kann *nicht* nicht kommunizieren. Deshalb ist Ihr Akquisitionsverhalten definiert als die Summe Ihres Handelns und Nicht-Handelns. Die beiden Voraussetzungen für einen gelungenen Auftritt sind:

1. die Verinnerlichung der eigenen Botschaft und damit eine klare, sichtbare Haltung,

2. gezielte Akquisitionsmaßnahmen, die bewusst zur besseren Positionierung eingesetzt werden.

Stellen Sie sich einen bunten Katalog an bewusst gesteuerten Aktivitäten zusammen. Unternehmen halten mit ihrer Organisa-

tions- und Arbeitsstruktur genug Foren für Sie bereit, um im beruflichen Alltag akquisitorische Zeichen zu setzen: alle Sitzungen, das Intranet, die Mitarbeiterzeitung, Jubiläumsfeiern etc.
Warum schaffen Sie sich aber nicht auch ein eigenes Forum? Initiieren Sie z. B. eine Selbstlerngruppe auf Kollegenebene oder laden Sie immer Freitagnachmittags zum „offenen Kaffee + Kuchen-Treff" in Ihr Büro ein oder machen einen Chat-Room zu einem bestimmten Thema auf.

Unser Verhaltenskodex macht es uns nicht gerade leicht, uns selbst zu verkaufen, anders als z. b. bei den Amerikanern, die ein ungebrochenes Verhältnis zur Eigenakquise haben. Unsere kulturelle Prägung lässt uns die Selbstdarstellung anderer schnell als peinlich empfinden und entsprechend werten wir KollegInnen, die sich selbst aktiv zu verkaufen versuchen, oft pauschal als Profilneurotiker ab.

Expertentipp

Vorsicht, Falle: Rechtfertigen Sie nicht Ihr mangelhaftes Akquisitionsverhalten durch das Zitieren von Negativbeispielen! Angeber akquirieren nicht, sie tun das Gegenteil, nämlich Menschen von sich abstoßen. Überwinden Sie also Ihre Zurückhaltung und entwickeln Sie eine persönliche Verkaufskultur, die Sie sich selbst sympathisch bleiben lässt!

2. Schritt

Ein erfolgreiches Selbstmarketing ist Kommunikation in ihrer höchsten Form. Es stellt Menschen in Beziehung zueinander und verändert im Wechselspiel ihr Verhalten und ihre Haltung. Beziehungen wollen angeknüpft und gestaltet werden, dies setzt Kontakte und Begegnungen voraus.

Ergreifen Sie die Initiative – als wie wertvoll sich diese Kontakte und Begegnungen für Sie entwickeln werden, hängt davon ab, wie Sie sich auf den anderen Menschen einlassen. Je offener Sie sich einbringen und je neugieriger Sie auf die Besonderheit des anderen sind, desto schneller und intensiver bauen Sie eine Verbindung zu ihm auf.

Das Schlüsselwort für die Kommunikation Ihrer Marke lautet also „Verbindungen herstellen". Beachten Sie dabei folgende Regeln:

- ▶ Diversifizieren Sie – je unterschiedlicher, desto vielfältiger.
- ▶ Spezialisieren Sie – je mehr Expertentum, desto tiefer.
- ▶ Pflegen Sie systematisch – je gründlicher, desto effizienter.
- ▶ Rufen und geben Sie Unterstützung ab – je intensiver, desto vitaler leben die Kontakte.

Übung

Kontakt-Training

„Ein Fremder ist ein Freund, den Sie bloß noch nicht kennen."

Unterziehen Sie sich regelmäßig einer kleinen Trainingseinheit: Auf allen beruflichen und privaten Veranstaltungen treten Sie aus Ihrem eigenen Kreis heraus und sprechen gezielt drei Personen an, die Sie möglichst nicht oder nur oberflächlich kennen. Lernen Sie die Personen kennen und knüpfen oder vertiefen Sie den Kontakt. Das Motto des Trainings lautet „Schlagen Sie Brücken zu Fremden!"

Fallbeispiel

In Phase IV seines Marketingplans hat Heinz R. kurzfristig seine Kontakte innerhalb und außerhalb des Unternehmens aufgefrischt. Dabei erfährt er zufällig im Gespräch mit einer Referentin vom überregionalen Fachverband von einer interessanten Position, die dort schon seit mehreren Monaten vakant ist. Er zeigt sich noch bedeckt, setzt sich aber innerlich mit dem damit verbundenen Ortswechsel auseinander – und hält den Kontakt zu der Dame.

Heinz R. geht mit Engagement und bei Rückschlägen mit Beharrlichkeit eine Reihe von Maßnahmen aus dem Marketingplan an: So meldet er sich zu einem externen Workshop über sein aktuelles Thema „Persönliches Veränderungsmanagement" an, verfasst einen Artikel über Produktinnovationen in einer Fachzeitschrift, führt die wöchentliche Abteilungsbesprechung „meeting in the box" ein, aus der er auch sehr wertvolle Rückmeldungen von seinen MitarbeiterInnen zu seiner Veränderung zieht.

Nach wenigen Wochen bittet Heinz R. seinen neuen Chef um ein persönliches Gespräch über seine Perspektiven. Innerlich und äußerlich gut gerüstet gelingt es ihm, seine Erfahrung als Stärke zu präsentieren, die Erfolge innovativer Projekte herauszustellen, strategische Notwendigkeiten und Lösungen in seinem Produktbereich aufzuzeigen. Sogar über das Gehalt lässt er eine Bemerkung fallen. Nach nur wenigen Tagen reicht ihm sein Chef einen frischen Ausdruck des Organigamms herüber: Da, wo zuvor N.N. gestanden hatte, steht jetzt H.R.

Wir freuen uns als Beraterinnen natürlich mit Heinz R. über diese positive Entwicklung, die sicher auch auf die gemeinsame Arbeit zurückzuführen ist. Wir stellen uns und unserem Kunden gleichwohl, wie in jedem Abschlussgespräch einer Beratung, die Frage, ob die erzielte Verhaltensänderung oberflächlich und kurzfristig wirkt oder ob sie tatsächlich als wert empfunden wird, verinnerlicht zu werden. Heinz R. gibt uns eine klare Antwort: Er sei mehr „er selbst" als zuvor, fühle sich wie aufgeweckt, spüre einen bisher nicht gekannten Tatendrang und freue sich über die belebten und belebenden Kontakte. Bleibt uns nur zu sagen, wir haben uns über den lebendigen Kontakt mit ihm gefreut!

Aktionsplan

Selbstmarketing – Schritte zum Erfolg

So schaffen Sie sich Ihr eigenes Marketingkonzept und werden zum Selbstunternehmer

Auf den folgenden Seiten analysieren und verbessern Sie Ihren persönlichen Auftritt, indem Sie einen speziell auf Sie selbst bezogenen Marketingplan konzipieren.

1. Wo stehen Sie?

Analysieren Sie Ihren bisherigen Auftritt unter dem Aspekt des Selbstmarketings. Nehmen Sie sich dafür ausreichend Zeit und agieren Sie als Ihr persönlicher Marketingberater. Suchen Sie Anhaltspunkte für den Aufbau Ihrer Marke.

So gehen Sie vor:

▸ Verschaffen Sie sich Klarheit über grundlegende berufliche Ziele.

▸ Analysieren Sie Form und Inhalt Ihrer bisherigen Selbstdarstellung.

▸ Sammeln Sie Rückmeldungen zu Ihrer Person im Hinblick auf Verbesserungsmöglichkeiten.

▸ Entwickeln Sie eine persönliche Botschaft.

▸ Reflektieren Sie Ihre persönliche Einstellung zum Paradigmenwechsel „Selbstunternehmer": Inwieweit besteht eine innere Überzeugung und Bereitschaft zur konsequenten Eigenverantwortung?

2. Wo wollen Sie hin?

Stellen Sie jetzt Ihren persönlichen Marketingplan auf. Gehen Sie nach den vier Phasen des Modells Selbstmarketing vor. Sie sollten das Ziel kurzfristig angehen und innerhalb von sechs Monaten erreichen können.

So gehen Sie vor:

▶ Arbeiten Sie die Schritte in Kapitel 6.2 ab.

▶ Tragen Sie die Ergebnisse zusammen und bringen Sie den Marketingplan zu Papier.

▶ Prüfen Sie Ihre emotionale Identifikation mit dem Ziel: Wenn Ihr Herz angesprochen ist, wächst der Mut zur Veränderung durch die innere Überzeugung.

3. Welche Maßnahmen werden Sie konkret wann ergreifen?

Ihr Marketingplan legt Ihre Aktivitäten und den zeitlichen Ablauf fest. Damit schaffen Sie sich einen Handlungsrahmen und behalten den Überblick.

So gehen Sie vor:

▶ Erfassen Sie alle Aktivitäten der jeweiligen Phase.

▶ Fügen Sie Feedback-Schleifen ein, damit Veränderungen einfließen und Ziele angepasst werden können.

▶ Legen Sie Beginn und Abschluss der Maßnahmen fest.

Beginn: _____ Abschluss: _____

▶ Folgende Personen möchten Sie zur Unterstützung/zum Coaching mobilisieren:

_____

_____

4. Wann haben Sie Ihr Ziel erreicht?

In dem Veränderungsprozess werden Sie Erfahrungen gemacht und Kompetenzen entwickelt haben, die Sie nicht missen möchten. Haben Sie dabei Ihr Ziel erreicht und fühlen Sie sich wohl mit Ihrem neuen Auftritt?

So gehen Sie vor:

▶ Prüfen Sie, ob sich an Ihrer Situation nach Ende der Maßnahmen etwas wesentlich und konkret geändert hat.

▶ Arbeiten Sie alle wichtigen Ergebnisse heraus, die sich positiv und evtl. auch unerwartet ergeben haben.

▶ Entscheiden Sie, ob das Ziel als erreicht angesehen werden kann und wie Sie an Ihrem Selbstmarketing weiter arbeiten werden.

Wenn Sie auf diese Weise Ihr persönliches Auftreten entscheidend verbessert haben, können Sie entweder direkt zu Kapitel 7 übergehen, oder Sie blättern zurück zur **Situationsanalyse** *und beschäftigen sich dort mit Abschnitt 7.*

7 Übergänge – auf zu neuen Ufern

Die ständige Veränderung gehört heute zum Alltag eines jeden Berufstätigen. Trainiert, wie wir mittlerweile schon auf diese einzige Konstante sind, integrieren wir das Neue meist geräuschlos in den täglichen Ablauf. Aber es gibt Themen, Lebenssituationen oder Entscheidungen Dritter, die uns einen Qualitätssprung abverlangen. Drei typische Situationen werden auf Lösungsstrategien hin untersucht.

7.1 Job enrichment in Eigenproduktion

In der Pole-Position

Genau genommen kann uns nichts Besseres widerfahren, als in einer mittleren Lebensphase die eigene berufliche Neuorientierung gestalten zu können. Wir wissen um unsere Stärken und Schwächen, wir kennen die Gesetze des Systems, dessen Teil wir sind, wir strahlen die natürliche Autorität der Erfahrenen aus, wir verfügen über genügend Kraft und Reserven, um auf der Basis des Erreichten neues Terrain zu betreten. Und meist stehen wir familiär-emotional sowie materiell ausreichend abgesichert da, um kalkulierbare Risiken eingehen zu können.

„Altern ist kein Job für Feiglinge" (Bette Davis)

Die Angst vor Verlust

Warum nur haftet dem beruflichen Wandel in der zweiten Berufshälfte so ein Schrecken an? Es ist die Angst davor, etwas zu verlieren: materielle Sicherheit, eigene Identität, Ansehen, die soziale Klammer. Natürlich kennen wir die Statistiken, nach denen die Marktfähigkeit von Menschen über Vierzig dramatisch sinken soll und ebenso vernehmen wir die Nachrichten über die systematische Entlassung älterer Arbeitnehmer. Diese strukturellen Rahmenbedingungen sollen hier weder negiert noch verharmlost werden. Nur einer Tatsache müssen wir uns bewusst sein: Die Verinnerlichung dieser kollektiven Negativprognosen lähmt uns, statt uns stark zu machen.

Wann ist es Zeit, die Segel zu hissen?

„Wenn der Wind des Wandels weht, errichten einige Mauern und andere hissen die Segel."

Bei kleineren Turbulenzen auf See ist es oft ratsam, sich passiv zu verhalten und kurzfristig „in Deckung" zu gehen, bis der Spuk vorüber ist. Aber jede gewichtigere Herausforderung, ob aus sich selbst heraus oder von außen herangetragen, fordert eine entschlossene Antwort. Wenn uns der Wind ins Gesicht bläßt, ist es wichtig, die Segel zu hissen und seine Kraft zu nutzen. Nur, welche Sichtweise ermöglicht es uns, das Hissen der Segel tatsächlich als machbarer und attraktiver zu erachten als das passive Abwarten?

Übung

Trennen Sie sich einen Moment von der Vorstellung der eigenen Unsterblichkeit und beamen Sie sich in die Zeit nach einem erfüllten Leben und einem glücklichen Tod. Auf Ihrer Beerdigungsfeier lässt ein Ihnen wohlgesonnener Weggefährte Ihre berufliche Laufbahn Revue passieren. Was genau müsste dieser Mensch über Sie sagen, damit Sie wirklich zufrieden wären mit der Rede? Schreiben Sie die wesentlichen Passagen in Stichpunkten auf. Dann stellen Sie fest, was in den kommenden Jahrzehnten noch anzupacken ist. Was ist Ihr größtes Ziel? Welchen Traum können Sie noch verwirklichen?

Der Job am Mischpult

Die Karriere ab Mitte Vierzig bietet Chancen, die nur darauf warten, ergriffen zu werden:
– die Chance, schlummernde Talente zu wecken,
– die Chance, dem Leben einen anderen Akzent zu geben,
– die Chance, einen beruflichen Traum zu realisieren,

- die Chance, den erreichten Marktwert auszutesten,
- die Chance, das erworbene berufliche Vermögen mit ganz anderen Werten anzureichern,
- die Chance, dem Erfahrungsschatz neue Facetten hinzuzufügen.

Es gilt also, die Chance zu nutzen, in den prall gefüllten Sack mit der Aufschrift „Leben" hineinzugreifen.

Stellen Sie sich vor, Sie sitzen an den Reglern eines riesigen Mischpults in einem Studio. Die Regler stehen für Kriterien, die Ihr Leben bestimmen: Familie, Sicherheit, Geld, Zeit, Status, Führung, Verantwortung, Freunde, soziales Engagement, Gesundheit. Bringen Sie diese oder andere für Sie wichtigen Regler in eine neue Position. Was macht den Unterschied zu vorher aus? Achten Sie dabei darauf, dass Ihr System „Ich" in einen Zustand der inneren Balance kommt, und überlegen Sie, wie Ihr Umfeld reagieren wird.

Übung

Sind Sie auch ein Eisbär?

Ein junger Eisbär wurde an einen Wanderzirkus verkauft und in einem Anhänger ausgestellt. Der war so eng, dass das Tier gerade mal zwei Schritte nach links und zwei Schritte nach rechts gehen konnte. Tag für Tag, Jahr für Jahr. Als ein Zoodirektor das Elend sah, kaufte er dem Zirkus das Tier ab und nahm es mit in seinen Zoo. Hier gab es ein Freigehege für Eisbären mit Felsklippen und Wasser, Gesellschaft und viel Platz.

Nichts von alledem nutzte der junge Eisbär. Er lief zwei Schritte nach links und zwei nach rechts. Tag für Tag … „Warum tust du das?", fragte ihn ein anderer Eisbär. „Das hab ich immer so gemacht", antwortete der Eisbär und trabte weiter: zwei Schritte nach links und zwei Schritte nach rechts.

Die Moral von der Geschicht', die Ihre eigene Geschichte sein kann: Erkenne deine Freiräume und fülle sie aus!

„Das Leben bietet mehr Alternativen als Entweder-oder."

Plan B – die Feuerleiter

Veränderungen anzupacken erfordert einen konkreten Plan, das Ergreifen von handfesten Maßnahmen und die Fähigkeit, das Restrisiko unter Berücksichtigung des Faktors „Sicherheit" einzuschätzen. Wir Menschen haben im Gegensatz zum Tier die Fähigkeit, die Zukunft gedanklich in allen möglichen Varianten „durchzuspielen". Daraus leitet sich eine unserer wichtigsten Überlebensstrategien ab. Wenn wir das „worst scenario" schon aus unserem eigenen Film kennen, verliert es vielleicht an Bedrohlichkeit. In jedem Fall finden wir auf die Frage „Was kann schlimmstenfalls passieren?" die entscheidenden Eckpfeiler für eine Entscheidung – wie auch immer sie dann ausfällt.

Expertentipp

Stellen Sie einen Plan B auf: „Was mache ich, wenn diese oder jene Prämisse eintritt/nicht eintritt?" Alleine das Bewusstsein, über ein Sicherheitsnetz zu verfügen, welches auch im schlimmsten Fall das Überleben sichert, relativiert die Angst zu scheitern und erhöht gleichzeitig die Handlungssicherheit.

„Eisbär erreicht neues Ufer" – Drei typische Varianten

Es gibt drei berufliche Ausgangssituationen, die ein aktives Handeln erfordern und für die jeweils bestimmte Schritte im Prozess wesentlich sind:

1) Job enrichment – „Ich will mehr!"

2) Jobwechsel – „Gesucht: ein neuer Arbeitgeber!"

3) Selbständigkeit – „Endlich mein eigener Herr!"

Fallbeispiel

Helmut J. ist Mitte Vierzig, als sich der Künstler zum ersten Mal eingesteht, dass er in einer beruflichen Sackgasse steckt, eine, wie er meint, „ohne Wendemöglichkeit": Seit fast sieben Jahren trägt er nun schon den wohlklingenden Titel eines „akademischen Musikdirektors" an einer Universität im Süden des Landes. Diese Aufgabe bietet ihm in der mittelgroßen Stadt einen gewissen Status und ein kommodes Einkommen. Letzteres wissen Helmut J.

und seine Frau als Eltern von vier Kindern, die – wie die Orgelpfeifen eine nach der anderen – in eine kostspielige private Musikausbildung geschickt werden, zu schätzen.

Keine Frage, als Chef obliegt ihm die gesamte künstlerische Ausrichtung seines Bereichs: die Auswahl der aufzuführenden Werke, die Entscheidung über die Mittelvergabe für neue Instrumente, die Erteilung von Stipendien. Und Helmut J. kann das tun, was sein künstlerisches und handwerkliches Leben ausmacht: dirigieren und Klavier spielen. Das lässt ihn den Alltag zufrieden erleben, doch macht ihn diese Aufgabe mit dem damit verbundenen eigenen künstlerischen Anspruch wirklich glücklich?

Als sein Studienfreund an Krebs erkrankt, stellt sich auch für Helmut J. die Sinnfrage. Plötzlich kommen die unerfüllten Träume aus seiner Studienzeit an der Musikhochschule hoch, als ihm sein Professor ob seines großen Talents eine internationale Dirigentenlaufbahn voraussagt. Da blendet sich die Bewerbung auf eine Professur an der FU Berlin ein, die schließlich mit einem „jungen Wilden" besetzt wird. Da bekommen die beiden leicht schrillen Sopranstimmen aus seinem studentischen Chor, die noch am Abend in seinem Ohr Unruhe stiften, plötzlich eine Symbolik für die eigene Mittelmäßigkeit. Und da wird ihm bei Budgetfragen vom Dekan regelmäßig bedeutet, dass sein musikwissenschaftliches Seminar eben doch nur den Stellenwert eines nachgeordneten „nice to have" im sonstigen Betrieb von Wissenschaft, Lehre und Forschung einnimmt.

Eher zufällig und anfänglich beschämt im Bewusstsein seiner Privilegien, die er nicht einbüßen möchte, kommt Helmut J. ins Gespräch mit uns. Als Beraterinnen stellt sich uns die spannende Frage: Sind unerfüllte Künstlerträume überhaupt kompensierbar und wenn ja, womit? In einigen mehrstündigen Sitzungen entwickelt Helmut J. mit unserer Begleitung ein Konzept für ein zusätzliches berufliches Handlungsfeld:

Anknüpfend an seine eigene prägende Erfahrung mit „Jugend musiziert" in jungen Jahren und an die diesbezüglich gelungenen und weniger gelungenen Erfahrungen des mehrfachen Vaters Helmut J. startet er ein Projekt zur Förderung musikalischer Jugendarbeit für Kinder aus sozial problematischen Bereichen – „Kids machen Musik". Es gelingt ihm, den Fachbereich Sozialwissenschaften einzubinden, der die Arbeit mit einem Forschungsprojekt begleitet, welches von der Stadt anteilig finanziert wird. Zusätzlich gewinnt er ein ansässiges Unternehmen als Sponsor. Im dritten Jahr erhält das Projekt von Helmut J. unvorhergesehen eine internationale Dimension: Über eine Städtepartnerschaft wird die Unterbringung einer Gruppe von Flüchtlingskindern aus einem

Krisengebiet in ein Heim im angrenzenden Umland organisiert. Helmut J. wird gebeten, sein Musik-Projekt für diese Kinder zu öffnen.

Und wenn „seine Straßenmädchen" beim Sommerfest eine „drum session" hinlegen, dass es einem das Trommelfell nur so zerreißt, und wenn der kleine Miro lauthals seine Ängste aus den Straßenkämpfen in seiner mazedonischen Heimat herausschmettert – dann ist es für Helmut J. „total die Musik in seinen Ohren".

Helmut J. hat auch nach der Beratung keine Karriere als Stardirigent gemacht und seine Chancen auf eine Professur sind nicht gestiegen. Doch er hat sich – unter Wahrung seines Bedürfnisses nach Sicherheit – eine zusätzliche Rolle in sein berufliches Regiebuch geschrieben. Diese Rolle hat viele vorhandene und einige unbekannte Talente von Helmut J. in einem neuen Kontext zum Blühen gebracht hat. Die Frage nach dem Glück und der gelungenen Kompensation steht uns nicht an zu beantworten. Aber wir wissen von Helmut J., dass er sich auf die vielen noch vor ihm liegenden Berufsjahre freut. Das beengende Bild der beruflichen Sackgasse hat er, der er inzwischen auch ein wenig „Lebens"-Künstler geworden ist, gegen eine andere Metapher, eine in Noten gesetzte, ausgetauscht. Die „Wendemöglichkeit" benötigt Helmut J. nun auf seinem weiteren Berufsweg ohnehin nicht mehr ...

„Hinter dem Horizont geht's weiter." (Udo Lindenberg)

Was können wir von Helmut J. lernen?

Jede und jeder von uns trägt Träume in sich, von denen wir wissen, dass wir sie in diesem Leben nicht mehr verwirklichen werden: „Ich werde nicht mehr als sterbender Schwan auf der Bühne stehen". Es ist wichtig, diese ungelebten Kostbarkeiten in eine Kiste mit der Aufschrift „Nicht in diesem Leben" zu packen und sie als Teil der eigenen Identität zu behalten. Ohne Gram und vielleicht mit einem Schmunzeln anzuerkennen, dass etwas unmöglich oder vergangen ist, hilft, die machbaren Träume dagegen abzugrenzen. *Helmut J. tut sich etwas Gutes zu erkennen, dass aus ihm in diesem Leben kein Stardirigent mehr wird.*

Teil einer realistischen Sichtweise ist es auch, die Vorteile der gegenwärtigen, auch der als misslich empfundenen Situation, zu erkennen und zu bewerten. Dazu gehört das Abwägen des Für und Wider und die Entscheidung, ob es wichtig ist, etwas zu ändern, oder ob es so bleiben soll, wie es ist. *Helmut J.*

bekennt sich klar zu den Vorteilen einer gesicherten Existenz, und gleichwohl will er mehr Tiefenschärfe in sein berufliches Leben bringen.

Es mag sein, dass künstlerisch veranlagte Menschen oft höher hinaus wollen, als ihre Möglichkeiten oder die Rahmenbedingungen es zulassen. Die Schlüsselfrage für eine Strategie zum Glück ist bei ihnen jedoch die gleiche wie bei jedem normalen „Lebens"-Künstler: Was ist das Wesentliche an dem, was mir fehlt, wie kann ich dieses Bedürfnis auf andere Weise befriedigen? *Helmut J. hatte das Bedürfnis, etwas Hoch-Wertiges zu schaffen, etwas zu bewirken, Anerkennung für eine außergewöhnliche Leistung zu bekommen. Dabei hat er auf andere Werte zurückgegriffen, die neben seinem künstlerischen Schaffensdrang eine zentrale Bedeutung in seinem Leben haben: Humanität, soziale Gerechtigkeit, Hilfe für die Schwächeren. Da diese Werte seine Identität in ähnlich starkem Maße bestimmen wie die nicht voll entfaltbare musikalische Ambition, waren sie tauglich, Helmut J. auf andere Weise eine tiefere Zufriedenheit in seinem Beruf zu verschaffen.*

In den jeweiligen Lebensphasen eines Menschen stehen unterschiedliche Antriebskräfte im Vordergrund. Junge Menschen sind auf das Wachstum ihrer selbst ausgerichtet. Mit zunehmender Reife gewinnt das Abgeben eigener Erkenntnisse an jüngere Generationen eine tiefere Sinnhaftigkeit. *Helmut J. befindet sich mit Mitte Vierzig in einer Lebensphase, in der ihm die Aufgabe ego-zentrierter Ambitionen zu Gunsten der Hinwendung an andere Menschen eine hohe Befriedigung schafft.*

Neue berufliche Herausforderungen bieten die Möglichkeit, in anderen Bereichen erworbene Fähigkeiten im Sinne einer ganzheitlichen Persönlichkeitskompetenz in die berufliche Welt einzubringen. Ein gelungenes Beispiel dieses Kompetenztransfers sind Frauen, die nach der Phase des Familienmanagements mittels der dabei erworbenen Fähigkeiten erfolgreich eine Führungsposition ausfüllen. *Helmut J. ist als Vater vertraut im Umgang mit Kindern und Jugendlichen. Diese Erfahrung hilft ihm bei der Arbeit mit problematischen Jugendlichen.*

Eine neue Aufgabe erfordert den Aufbau neuer Kompetenzen. Damit wächst das persönliche Vermögen, der Horizont erweitert sich, schließlich wächst die Überlebensfähigkeit in der Welt der Zukunft. *Helmut J. erwirbt mit seinem Jugendprojekt Me-*

„Das Leben ist eine Bühne, um sich darauf auszuprobieren."

„Menschen in ihrer ganzen Persönlichkeit, die Lücken sehen, Lösungen entwickeln, bringen so das Neue in die Welt."
(Heinrich von Pierer)

thodenkompetenz im Projektmanagement, er lernt das Einmaleins von Finanzierungsplänen, er baut interkulturelles Knowhow über die internationalen Kontakte auf.

Wissenswert Faustregel beim „Job enrichment": 10 Prozent von der Arbeitszeit abzweigen plus 10 Prozent bis 15 Prozent investierte Freizeit – das bringt das zeitliche Startkapital für eine spürbare berufliche Bereicherung.

Abschließend drängt sich die Frage auf: Muss dem Kompensat eigentlich per se der schale Geschmack der zweiten Wahl anhaften? Oder können über das Beschreiten neuer Wege auch unbekannte, gleichwertige Grundbedürfnisse entdeckt und dann befriedigt werden?

Expertentipp Bringen Sie auf dem sicheren Boden des asphaltgrauen Alltags in das blässliche Bild des Bekannten grasgrüne Farbkleckse und schillernde Tupfer in Ihr Berufsbild!

Drei goldene Regeln im Prozess „Job enrichment":

1. Erzielen Sie Klarheit darüber, was genau in Ihrem jetzigen Job fehlt.
2. Implementieren Sie die in Ihrem Job fehlenden Facetten planvoll.
3. Schließen Sie Frieden mit Ihrem neuen, alten Job, wenn Sie das Vakuum erfolgreich gefüllt haben.

7.2 Jobwechsel nach Fosbury

Das Verwirrspiel der Antagonisten

Sie bremsen und sie schieben, sie machen Angst und lassen uns über Grenzen hinauswachsen und sie verwirren uns mit ihren gegensätzlichen Ansprüchen: die beiden den Menschen steuernden Impulse *Sicherheit* und *Neugier*. Wir tun gut daran, das duale Spiel dieser Antagonisten als Quelle des Lebens zu würdigen und zu beachten, denn sie sind es, die uns schützen und vorantreiben. Die Kunst des Lebens besteht also im Ausbalancieren dieser starken Kräfte in uns. Und was bedeutet dies für den Job-Wechsler?

Das Prinzip von Standbein und Spielbein

Wir reden von WerdeGANG und von LebensLAUF – unsere Sprache offenbart, dass der Beruf etwas mit ständiger Bewegung zu tun hat. In unserem natürlichen Bewegungsablauf behalten wir immer ein Bein auf der Erde und ein Bein macht einen Schritt nach vorne. Wenn wir von diesem Muster abweichen, drohen wir zu stürzen und uns zu verletzen. Dieses Prinzip der evolutionären Fortbewegung gilt es, beim Wechsel von einem Arbeitgeber zum anderen zu beachten. Wir schützen uns vor einem beruflichen Absturz, wenn wir immer etwas von dem in die neue Aufgabe mitnehmen, was wir schon können. Damit stellen wir die nötige Erdung sicher (vgl. Bolles, 2002).

„Wer glaubt etwas zu sein, hat aufgehört etwas zu werden." (Philip Rosenthal)

„Was Ihr wollt" – oder müsst …?

Ob nun gewollt oder unfreiwillig – das Ziel aller Job-Wechsler ist darauf gerichtet, eine neue feste Anstellung zu finden. Diese soll in der Regel Sicherheit und Orientierung und gleichzeitig einen qualitativen Sprung, etwas ganz Neues, eine Verbesserung gegenüber dem Vorherigen bieten. Dieser Anspruch darf in der aktiven Phase der Jobsuche nicht verloren gehen. Jeder Wechsel offeriert immer die Chance, eine neue Strategie auszuprobieren, mit einer anderen Methode heranzugehen, sich verbrauchter Denk- und Verhaltensmuster zu entledigen. So wie Richard Fosbury, der mit dem Wechsel der Sprungtechnik über die Rückwärtslage eine neue Dimension in die Disziplin des Hochsprungs gebracht hat. Ein neuer Job ist dann gut, wenn er ausreichend Chancen für Ihren persönlichen Fosbury-Sprung bietet – aber bitte keinen „Flop"!

Von Flüchtigen, Verstoßenen und Gezogenen

Egal welcher Grund hinter dem beruflichen Wechsel steht, es hat jede Ausgangssituation ihren eigenen Charme – und ihre eigenen Tücken:

Wer selbst die Entscheidung trifft, „ich will hier 'raus", der ist im wahrsten Sinne des Wortes „fein raus": Es gibt keinen Zeitdruck – Achtung: Das macht die inneren Bremsen stark. Keiner hat einen schlecht behandelt – Achtung: Das lässt bei ausgeprägt loyalen Menschen das quälende Gefühl des Fremdgehens aufkommen. Und so weiter ...

Wer gefeuert wird, ist gedemütigt und hat eine Krise zu bewältigen. Krisen können stark machen – Achtung: Es gilt, die Trauerphase zuzulassen, die Trennung zu vollziehen, um frei und kämpferisch nach vorne zu schauen und Handlungssicherheit zu gewinnen.

Wer den Traumjob angeboten bekommt, hat ein leichtes Spiel: Es gibt keine Trauer, keinen Bewerbungsstress, die Verhandlungsbedingungen sind hervorragend – Achtung: Die Selbststeuerung könnte auf der Strecke bleiben, der wertvolle Prozess der Perspektivfindung hat nicht stattgefunden und die Gefahr lauert, dass ein vordergründiges Kriterium wie „Gehaltssteigerung" oder „Branchenprimus" überbewertet wird – die attraktivste und zugleich gefährlichste Variante ...

Expertentipp Der Prozess der Selbsterkenntnis und der Zielfindung ist in der Phase des Jobwechsels unentbehrlich. Er sichert das Wachsen über die Veränderung, unabhängig von der individuellen Ausgangssituation, die lediglich unterschiedliche Schwerpunkte der Auseinandersetzung mit sich selbst und dem System Arbeitsmarkt erfordert.

Authentisch, lebendig, kundenorientiert

Wir wissen Job-Wechsler gut versorgt: Es gibt qualitativ hochwertige Ratgeber über die geschickteste Bewerbungsstrategie in ausreichender Zahl am Markt. Uns dagegen kommt es in unserer Karriereberatung auf die Arbeit an einer mentalen Grundhaltung unserer Klienten an, die „kundenorientiertes, aktives Eigenmarketing" lautet. Wie diese Haltung in konkrete Handlungsschritte umgesetzt werden kann, wollen wir anhand von vier Punkten exemplarisch aufzeigen:

Derrick auf Jobsuche

Wenn Sie wissen, *was* Sie suchen, bauen Sie am besten auf das in der Kriminologie erfolgreiche Prinzip der Rasterfahndung. So wie wir als Krimiexperten wissen: Wo eine Leiche ist, gibt es auch einen Mörder, so können wir mit Bestimmtheit sagen: Es gibt irgendwo einen Job, der ideal für mich ist, und ein Unternehmen, für das ich ideal bin – wahrscheinlich gibt es davon sogar 50 oder 100 oder 200. Es kommt also nur darauf an, diese Aufgabe in jener Firma ausfindig zu machen. Und dafür bedarf es – das haben wir bei Derrick gelernt – einer mühevollen Puzzlearbeit, intensiven Recherchen, Fantasie im Zusammenstellen der Versatzstücke und Gespräche im Umfeld des Gesuchten. Das Pfiffige daran: Wenn Sie Ihr Suchobjekt tatsächlich gefunden haben, tragen Sie Ihre Überzeugung hinsichtlich der richtigen „Passung" von Ihnen und dem Unternehmen so wirkungsvoll in das Kontaktgespräch, dass Sie damit bei fast jeder Firma den Fuß in die Tür bekommen!

Inszenieren Sie Ihre eigene Life-Story

Glauben Sie nur nicht, Ihr Lebenslauf sei eine chronologische Abfolge von neutralen Daten. Nein, es ist *Ihre* einmalige Life-Story, mit der Sie ein bestimmtes Unternehmen inspirieren, Ihre Lebensgeschichte punktuell und temporär mitzuschreiben. Ob schriftlich oder mündlich: Setzen Sie Signale, bauen Sie Assoziationsbrücken, lassen Sie den roten Faden in Ihrer Geschichte lebendig werden – und dies alles individualisiert zugeschnitten auf den Bedarf des Empfängers (aber Vorsicht, bitte keine Falschaussagen!). Nebenbei bemerkt: Ihr Foto dient allein dem Zweck, den Eindruck, den Sie hinterlassen wollen, zu unterstreichen. Wie muss das Foto dafür eigentlich aussehen?

Zielerreichung im zweiten Anlauf

Muten Sie sich immer zu, dem Grund für eine Absage nachzugehen. Jeder Produzent betreibt sofort aufwendige Marktforschung, wenn die Absatzquote seines Produkts sinkt. Sie können von der Marktforschung in eigener Sache nur reicher werden an Erkenntnissen, zu verlieren haben Sie nichts. Erfahrungsgemäß sind Personalabteilungen meistens bereit, auf eine ansprechende telefonische Anfrage hin eine aussagefähige Rückmeldung zu geben. Wer in sich noch das Muster des Pennälers trägt, der die fünf in Mathe in die Ecke feuert und schwört, das Heft nie wieder anzurühren, dem sei noch folgende Geschichte mit auf den Weg gegeben:

Eine Bewerberin erkundigt sich nach Erhalt der Absage nach den Gründen. Sie geht an das Telefonat mit der Überzeugung heran, dass sie die getroffene Entscheidung noch verändern kann und in diesem Telefonat alles dafür tun wird. Ihr Ohr hat sie deshalb gespitzt für Missverständnisse, die sie womöglich richtigstellen kann, über ihre Stimme transportiert sie ihre werbende Botschaft, mit dem Inhalt ihrer Worte versucht sie Stimmigkeit in das Gespräch zu bringen und gleichzeitig mit ihrer Individualität zu überzeugen. Unnötig zu sagen: Die zunächst abgelehnte Bewerberin wurde auf Grund des guten Eindrucks, den sie in dem Nachfass-Telefonat hinterlassen hatte, sowie der Ungewöhnlichkeit ihres Handelns zu einem erneuten Gespräch – über einen ganz anderen Job – eingeladen.

Oft vernachlässigt: ein geordneter Rückzug

Der Sinn ist bereits auf das Neue gerichtet, die letze Zeit im alten Unternehmen wurde zum Teil als „unschön" erlebt – Grund genug, die restlichen Wochen und Tage im alten Job mehr oder weniger abzusitzen. STOPP – Gedankenfehler! Es gibt nämlich ausgesprochen egoistische Motive dafür, diese Phase mit einer positiven Grundhaltung aktiv zu gestalten:

- Wenn Engagement und Loyalität bisher zu Ihren gelebten Werten gehörten, warum sollten Sie die vielleicht kritische Situation davon abbringen, diese Werte aufrecht zu erhalten? Achten Sie auf Ihre Seelenhygiene!

- Ihrem Selbstwertgefühl sind Sie es schuldig, Ihr eigenes „Werk" nicht bedeutungslos versanden zu lassen – arbeiten Sie Ihren Nachfolger anständig ein!
- Wäre es wirklich fair, Ihre Mitarbeiter und Kolleginnen unter Ihrem Weggang leiden zu lassen?
- Ihr altes Netzwerk will „gut gepflegt" in die neue Berufssituation übernommen werden.
- Wie wohlwollend Ihr Zeugnis ausfällt, hängt oft wesentlich davon ab, wie kooperativ Sie sich gegen Ende der Zusammenarbeit verhalten haben.
- Wenn Sie sich mit Ihrem Verhalten in eine gute Stimmung versetzen, treten Sie bei Ihrem neuen Arbeitgeber unbeschwerter und selbstbewusster an.

Und nicht zuletzt: Man begegnet sich immer zweimal im Leben!

Fallbeispiel

Franz P., 43 Jahre alt, eine erwachsene Tochter, lebt mit seiner Lebensgefährtin im Rhein-Main-Gebiet. Seit mehreren Jahren ist Franz P. in der Deutschlandzentrale einer skandinavischen Airline als Marketingmann beschäftigt.

Er versteht sich auf sein Geschäft, die Markenführung der Fluggesellschaft am deutschen Markt, und gilt mit seiner Abteilung als erfolgreiche Crew. Als Gerüchte aufkommen, dass die Aufgaben verschiedener Zentralbereiche zum Teil in die Konzernmutter nach Skandinavien verlagert und zum anderen Teil outgesourced werden sollen, wehrt Franz P. die Gedanken ab, dass sein Bereich davon betroffen sein könnte. Eine hingeworfene Bemerkung seiner Chefin beim Mittagessen lässt ihn aufhorchen: „Was wäre, wenn ...?" Diese Airline ist mehr als irgendein Arbeitgeber für ihn, sie ist für Franz P. seine berufliche Heimat, in der er fest verwurzelt ist und die einen wichtigen Teil seiner Identität ausmacht. Er ist stolz auf den wirtschaftlichen Aufstieg, den „sein" Unternehmen trotz des allgemeinen sinkenden Passagieraufkommens genommen hat, auf die kürzlich vergebene Auszeichnung als pünktlichster Zubringer, auf die offene und menschenfreundliche Kommunikationskultur nach Art der Skandinavier. Nein, er weiß, dass er hierher gehört.

Der einige Wochen andauernde Prozess, in dem Franz P. zunehmend realisiert, dass der Marketingbereich ganz oben auf der Transferliste steht, ist außerordentlich schmerzhaft für ihn, und er ist auch wütend: Mal lässt ihn der Gedanke nicht los, die Entscheidung könne mit dem mittelmäßigen Ergebnis der kürzlich durchgeführten Umfrage zur Marktdurchdringung des neuen, von ihm verantworteten Slogans zusammenhängen. Dann legt er sich aus nichtigem Grund mit seiner Chefin an, die seiner Meinung nach nicht alles dafür unternommen habe, die Auflösung seiner Truppe zu verhindern. Und dann ist er zwischendurch immer wieder einfach nur traurig über den anstehenden Abschied.

Schließlich gelingt es Franz P., durch unzählige Gespräche mit Freunden und Kollegen, das Ende seiner Tätigkeit bei seinem Arbeitgeber als Realität anzunehmen. Eine einwöchige Wandertour mit Freunden bringt schließlich den Durchbruch: In der Weite der Berge, der Reduziertheit des Lebens und über die intensiven und fröhlichen Erlebnisse in der Gemeinschaft keimen bei Franz P. erste Ideen für eine andere Zukunft auf – und er kann loslassen.

Gleich nach seiner Rückkehr will er die ersten Schritte in Richtung auf eine alternative Zukunftsplanung angehen. Während er über Lösungen nachdenkt, entsinnt er sich eines Gesprächs im vergangenen Jahr, in dem ihm der Chef einer großen Agentur, die regelmäßig Aufträge für ihn abwickelt, en passant ein ziemlich eindeutiges Angebot unterbreitet hatte: einzusteigen bei ihm als Projektleiter Strategie. Damals war das für ihn undenkbar gewesen. Ein kurzer Anruf von Franz P. bei seinem damaligen Gesprächspartner genügt, um die Bestätigung zu bekommen, dass die geplante Stabsaufgabe mangels geeigneter Kandidaten bis dato noch nicht besetzt sei.

Damit fällt der Startschuss für eine neue seelische Achterbahnfahrt von Franz P., denn die Themen, die er zu bewältigen haben würde, schätzt er mindestens zur Hälfte als neu ein: Strukturen einziehen, Ziele erarbeiten, ein Team aus dem Boden stampfen, und überhaupt – würde er mit den Menschen dort genau so kooperativ zusammenarbeiten können, wie er es bisher gewohnt war? Und was noch bedeutsamer ist, kann er sich überhaupt auf ein kleines Unternehmen einlassen?

Dieses Mal verwirren ihn die guten Ratschläge seiner Freunde eher, als dass sie ihm Klarheit verschaffen würden, zu widersprüchlich und persönlich geprägt sind die Meinungen. Aber Franz P. hat die ungemein hilfreiche Wirkung, die die Berge auf seinen letzten Klärungsprozess hatten, nicht vergessen. Bevor er in der Agentur zusagt, nimmt er sich wieder einige Tage „Auszeit" und bringt Struktur in seine Gedanken und in die vor ihm liegende Aufgabe, über die er sich zuvor ausführlich informiert hat.

Er erstellt eine detaillierte Liste mit Aufgaben, die er nach zeitlichen und inhaltlichen Prioritäten gliedert. Darauf stehen Punkte wie Neues Kostenmanagement, Relaunch des bestehenden CRM-Konzepts, Kundenstruktur-Analyse. Mit einem Ausrufungszeichen versieht Franz P. die Stichworte „Mitarbeiter begeistern" und „Bergblick behalten", die er sich zum Erhalt der eigenen Orientierung und seiner Eigensteuerung ins Pflichtenheft schreibt.

Er notiert auch all die Unsicherheiten und Zweifel, die mit diesem Schritt verbunden sind: Kann er seine fachlichen „blancs" schnell genug füllen? Ist er für diesen jungen, flippigen Laden nicht schon viel zu alt? Wird er mit dem Tempo in der Agentur mithalten können? Wie wird er im direkten Kundenkontakt ankommen? Kann ihn die geringere berufliche Sicherheit belasten?

Und schließlich schreibt er Punkt für Punkt auf, was für Vorteile in der neuen Aufgabe stecken. Diese Auflistung ist umfangreich und gewichtig genug für Franz P., um dem Agenturchef seine Zusage für den angebotenen Job zu geben. Es folgen Wochen der Einarbeitung, in denen bei ihm alte Stärken aufblühen und neue Bedenken hochkommen; aber weder er noch die Firmenleitung haben den Entschluss zusammenzuarbeiten je bereut.

Als es für ihn und sein Projektteam einige Zeit nach seinem Start einmal später wird, weil das Konzept zur Neukunden-Bindung dringend fertig werden muss, ordert Franz P. um halb zehn Uhr abends den Pizzaservice. Spätestens nachdem alle gemeinsam und in fröhlich-produktiver Stimmung „das Teil fertig gebaut" haben, weiß er, dass er in seinem neuen Team auch menschlich richtig liegt.

Wenn Franz P. heute den Flugzeugen nachschaut, dann fühlt er, dass er eine neue, andere Art von beruflicher Heimat gefunden hat.

Was können wir von Franz P. lernen?

Franz P. hatte über die Jahre eine so *hohe Identifikation* mit seinem alten Arbeitgeber entwickelt, dass seine emotionale Bindung zu der Airline enorm stark war. Als er gehen muss, sieht er sich seiner substanziellen Grundbedürfnisse wie Sicherheit und Anerkennung durch Zugehörigkeit zu einer starken Gemeinschaft beraubt. Er fühlt sich hilflos und verliert temporär seine Selbststeuerung.

„Es ist doch gar keiner gestorben", mag manch einer denken, der den *klassischen Trauerprozess* von Franz P. begleitet: Ignoranz, Aggressivität, Autoaggression, Tal der Tränen, Loslassen, Akzeptanz, Handlungsorientierung in Richtung Zukunftsgestaltung. Diesen Prozess durchlaufen die meisten Menschen in unterschiedlicher Tiefe und Dauer, wenn sie nach längerer Zeit den Arbeitgeber wechseln. Nur wer loslassen kann,

„Nur wer sich selbst ändert, bleibt sich treu."
(Wolf Biermann)

wird sich der Gestaltung des Neuen zuwenden können. Für jeden gilt: Die verschiedenen Phasen der Trennung sind so schnell wie möglich, aber eben auch so langsam wie nötig zu durchleben. Wichtig ist, dass der „Trauernde" nicht in einem Tal steckenbleibt und dort verharrt.

Wissenswert Renommierte Outplacement-Berater berichten, dass Manager häufig in den ersten beiden Sitzungen ausschließlich weinen. Interessant ist, aus welcher Unternehmenskultur diese Entlassenen kommen: Es sind überwiegend Unternehmen mit hohem gesellschaftlichem Ansehen oder wirtschaftlicher Macht, mit vermeintlich sicheren Arbeitsplätzen, einer ausgeprägten Statuskultur und einer Corporate Identity, die stark auf Bindung ausgerichtet ist.

Es mag sein, dass die Stimmung im Hause Airline in guten Zeiten gut war, aber in dieser für Franz P. schlechten Zeit hat das *Trennungsmanagement* des Unternehmens schlichtweg versagt: Franz P. erhält keine direkte oder indirekte Unterstützung im Trennungsprozess, die Kommunikation war schlecht. So wäre es z.B. wichtig für Franz P. gewesen, von offizieller Stelle zu hören, dass die Gründe für die Schließung seiner Abteilung nichts mit seiner Leistung zu tun haben.

Mit *räumlichem Abstand* zu dem Problem oder durch einen Perspektivenwechsel im wahrsten Sinne des Wortes lässt sich meist auch eine größere innere Distanz zum Problem schaffen. Nachdem Franz P. in der Trennungsphase am eigenen Leib erfahren hat, dass sich auf einem Berg Horizonte erweitern und neue Sichtweisen entstehen können, setzt er dieses Mittel auch in der zweiten schwierigen Phase, der Zeit der Entscheidung und Zukunftsplanung, erfolgreich ein.

Drei goldene Regeln im Prozess „Arbeitgeberwechsel":

1. Akzeptieren Sie Ihre negativen Gefühle als Teil des Trennungsprozesses, um offen für „Neues" zu werden.
2. Versuchen Sie es einmal mit einem räumlichen Abstand zum Problem, das eröffnet oft ganz neue Sichtweisen.
3. Packen Sie neue Aufgaben mutig, zuversichtlich und professionell an.

7.3 Der Traum von der Selbständigkeit

Schon in Goldgräberstimmung?

Die Zukunft der Arbeit stellt uns vor neue Anforderungen, aber sie bietet dem unternehmerischem Geist auch völlig neue Möglichkeit sich auszuleben. Schon heute sprießen variable Formen der Selbständigkeit wie Pilze aus dem Boden: Freelancer und Franchiser, Spin-offs und Kooperationen, Business Angels und Interim Manager, Zeitarbeiter und Senior Experten. Sie alle suchen mit frischen Dienstleistungen und globalen Vernetzungen, in Nischen oder angedockt an die ganz Großen ihr Glück am unruhigen Markt.

Das Gründungsfieber mag nach dem Einbruch der dot.com-Firmen um die Jahrtausendwende zurückgegangen sein. Diese temporäre Normalisierung als Folge völliger Überhitzung ändert nichts an der Feststellung, dass der Trend zur Selbständigkeit unvermindert anhält. Dass die Zahl der Pleiten zunimmt, ist dabei eine logische Folge in unserem Wirtschaftssystem und möge das Risikobewusstsein in der Gründerszene schärfen.

Die Selbständigenquote in Deutschland steigt kontinuierlich. Gleichwohl liegt Deutschland im europäischen Vergleich auf der Rangliste der Selbständigen weit hinten. Unter den Selbständigen in Deutschland finden sich überdurchschnittlich viele *Gründerinnen*.

Wissenswert

Das Frauen Special

Dass die Bewegung hin zu mehr Einzel-Unternehmertum auch eine „Frauenbewegung" ist, darf nicht verwundern:
- Als Unternehmerinnen können Frauen ihre vielfältigen, ob nun genetisch oder durch rollenspezifische Sozialisation erworbenen Kompetenzen, wie Organisationstalent und Kommunikationsstärke, wirkungsvoll einbringen. Häufiger als bei Männern verfügen Frauen über einen Patchwork-Lebensweg, auf dem sie sich ein hohes Maß an Flexibilität angeeignet haben.

- Die Bewegung hin zur beruflichen Selbständigkeit ist für weibliche Führungskräfte oft ein „weg von" männlich geprägten Strukturen in den Unternehmen. Solange die Firmen Frauen keine wirkliche Chancengleichheit bieten, erscheint eine „Laufbahn mit Käseglocke" in etablierten Gefilden nicht sonderlich attraktiv für karrierebewusste Frauen.

- Frauen scheinen risikofreudiger in der Gründung einer eigenen Existenz zu sein, verhalten sich aber in der Expansion ihres Geschäfts tendenziell sicherheitsbewusster als Männer. Die Erklärung, dass selbständige Frauen im Notfall materiell durch ihre Männer abgesichert sind, mag auf eine bestimmte Gruppe zutreffen, das Phänomen der vielen Selbst-Chefinnen ist damit nicht hinreichend erklärt.

- Die Liste der Erklärungen wäre nicht vollständig, wenn das Thema, das die Lebensarchitektur von Frauen maßgeblich prägt, nicht beleuchtet würde: die Vereinbarkeit von Familie und Beruf. Auch hier bewerten Frauen sehr unterschiedlich für sich, ob das gesicherte Angestelltenverhältnis oder die Freiheit der Selbständigkeit die mit der Mutterrolle verträglichere Arbeitsform darstellt.

Tankstellen anfahren

Existenzgründern stehen in jeder Region diverse Einrichtungen mit Rat, Netzwerken und finanzieller Unterstützung zur Verfügung, seien es Gründertreffs, die Handelskammern, das Arbeitsamt, branchenbezogene Kooperationen, „Frauenbetriebe", private Investoren, Karrierecoaches und nicht zuletzt die Banken. Im Internet können Newsletters für Starter kostenlos bezogen werden. Angesichts der Vielzahl von – zum Teil selbsternannten – Experten und einer Flut an Informationsangeboten kommt es auf ein gezieltes Wissensmanagement, ein offenes Ohr, ein kritisches Auge, ein sensibles Gefühl und zum ersten Mal: auf eine unternehmerische Nase an!

Aktivieren Sie all Ihre Sinne, bevor Sie sich die Antwort auf folgende Fragen geben: Welche Kompetenz hat mein Gesprächspartner? Welche Eigeninteressen verfolgt meine Beraterin? Welche subjektiven Erfahrungen überträgt mein Gegenüber gerade auf mich?

> **Expertentipp**
>
> Ihr Plan, sich selbständig zu machen, stellt eine großartige Operation in Ihrem Leben dar. Machen Sie es wie der mündige, kritische Patient: Holen Sie vor wichtigen Entscheidungen eine zweite und dritte Meinung ein. Und hüten Sie sich vor selektiver Wahrnehmung, das heißt, hören Sie gerade bei den Punkten genau hin, die eigentlich nicht in Ihren Plan passen!

Kopf und Bauch im Dialog

Wir vereinigen in uns das Gute aus zwei Welten und stoßen im inneren Dialog dieser beiden Teile an die gleichen Grenzen, wie wir sie so häufig in der Kommunikation zwischen Mann und Frau erleben: Ratio und Emotion. Dinglicher ausgedrückt: Kopf und Bauch verstehen einander einfach nicht, weil sie auf einer unterschiedlichen Ebene kommunizieren (linearen DenkerInnen sei gesagt, dass damit keiner stereotypen Zuordnung Frau = Bauch und Mann = Kopf das Wort geredet werden soll). Gott-sei-Dank tragen wir alle nämlich diese beiden Elemente in uns!

Die Kunst besteht nun darin, in einer existenziell wichtigen Lebensphase, wie es der Schritt in die unbekannte Selbständigkeit zweifelsohne ist, die Leidenschaft zu erhalten und gleichzeitig einen kühlen Kopf zu bewahren.

„Für eine erfolgreiche Unternehmerschaft bedarf es dreier Dinge: einer Vision, Leidenschaft und Disziplin."

Aus dem Traum soll nicht „aus der Traum" werden

Im Überlebenskampf geht es dem Menschen immer darum, Chancen zu nutzen und Risiken zu minimieren. Es gibt kein sicheres Rezept auf die Frage „Wie verhindere ich, dass aus dem Traum ein Albtraum wird?" Auch wenn ein festes Angestelltenverhältnis heute ganz eigene, oft branchenspezifische Risiken in sich trägt, befinden Sie sich als frisch gebackener Selbständiger „auf der freien Wildbahn" und die ist nun einmal gefährlicher als ein vertraglich abgesichertes, schwer kündbares Dienstverhältnis. Die Entscheidung für das freie Unternehmertum bedarf deshalb einer noch genaueren Abwägung aller Faktoren, als die Entscheidung für einen neuen Arbeitsplatz. Seien Sie VORSICHTig mit sich!

SWOP statt FLOP

Eine handhabbare und sehr wirksame Analysemethode zum Bewerten und Modellieren von Chancen und Risiken bietet das SWOT- oder SWOP-Modell. Hier ist kein inhaltlicher Unterschied zwischen *threats* (Bedrohung) und *problems*.

Übung　**1. Schritt**

Nehmen Sie sich eine Maßnahme vor, deren Umsetzung Sie in nächster Zeit planen und für deren Realisierung es Vor- und Nachteile gibt.

2. Schritt

Schreiben Sie in die vier Kästen alle die Stichworte, die Ihnen zu der jeweiligen Überschrift einfallen. Erst dann bewerten Sie die einzelnen Punkte: „Was ist wichtig, was ist überwindbar, was ist zu verstärken?"

	Gegenwart	Zukunft
positiv	**S** (Strength) STÄRKEN	**O** (Opportunities) CHANCEN
negativ	**W** (Weekness) SCHWÄCHEN	**T** (Threats) RISIKEN

3. Schritt

Spannend wird der Prozess, wenn Sie nun versuchen, die kritischen Stichpunkte aus den Kästen „Schwächen" und „Risiken" so zu modellieren, dass daraus „Chancen" werden. Welche Voraussetzungen müssten dafür geschaffen werden, welche flankierenden Maßnahmen können ergriffen werden, welche andere Bedeutung muss ich dem Stichpunkt beimessen, um das Mögliche auch machbar für mich zu machen?

Ein Beispiel: Sie wollen sich selbständig machen und notieren unter „Schwächen", dass die Branche, der Ihre Kunden angehören, derzeit in der Krise steckt und Ihnen womöglich deshalb Ihr Produkt nicht abnehmen wird.

Mögliche Fragen: Gibt es eine Möglichkeit, das Pricing noch etwas straffer zu gestalten? Auf welche Weise kann der Kunde mittels Ihres Produkts einen zeitnahen, wirtschaftlichen Vorteil erzielen? Den sollten Sie in Ihrem Marketingauftritt derzeit besonders herausstellen. Und noch ein Argument zur Wandlung von schwarz in weiß: Kundenbeziehungen werden in schlechten Zeiten geknüpft, um dann in guten Zeiten die Ernte einzuholen.

Ein Hinweis: Die SWOP-Analyse zeichnet sich dadurch aus, dass der 3. Schritt sehr chancenorientiert ist. Achten Sie darauf, dass Sie am Ende nicht alles von schwarz in rosarot gefärbt haben!

Die Bank interessiert sich für Ihre Persönlichkeit

Wenn Sie Ihren Business Plan aufstellen, geht es den Kapitalgebern um ein plausibles Konzept, in dem Themen wie Markt, Produkt, Rechtsform der Firma, Personal, Kunden-Zielgruppe, Vertriebsweg, Eigenkapital abgehandelt werden. Der wichtigste Faktor für die Beurteilung der Tauglichkeit Ihrer Geschäftsidee ist aber immer noch Ihre eigene Unternehmerpersönlichkeit. Nicht um den Kredit von der Bank zu bekommen, sondern um für sich selbst den richtigen Weg zu finden, sollten Sie sich intensiv mit folgenden Fragen beschäftigen:

- Haben Sie sich intensiv mit Ihrem „Baum der Berufung" (siehe Aktionsplan zu diesem Kapitel, S. 160), d.h. Ihren Stärken und Schwächen, Ihren Kompetenzen und Ihrer Persönlichkeit auseinander gesetzt?
- Stehen Ihre Bedürfnisse und Werte wirklich in Einklang mit einem Dasein als Selbständiger?
- Können Sie sich gut selbst steuern und motivieren?
- Sind Sie überdurchschnittlich selbstdiszipliniert?

Wissenswert Heute fressen nicht mehr die großen Fische die kleinen, sondern die schnellen die langsamen!

Fallbeispiel Jeanette P., Französin, Diplom-Chemikerin, 48 Jahre alt, hat den beruflichen Aufstieg geschafft: Sie leitet die Produktentwicklung in einem internationalen Konzern. Es verschafft ihr eine tiefe innere Befriedigung, wenn sie weiß, dass sie wieder einmal optimale Qualität geliefert hat. Vom Typ her liegt ihr die Lösung fachlicher Aufgaben weit mehr als die ewigen politisch geprägten Positionierungskämpfe innerhalb des Hauses. Die werden ihr als Abteilungsleiterin aber in einer Talsohle, in die das Unternehmen gerutscht ist, zunehmend aufgezwungen. Ihr „Hang zur Sachlichkeit" wird der Spezialistin bei einer 360°-Beurteilung von ihren Vorgesetzten als Schwäche in der Kommunikation ausgelegt und bringt ihr das Aus bei der nächsten Runde der Umstrukturierung. Das Unternehmen sponsert den reibungslosen Ausstieg von Jeanette P. mit einer professionellen Karriereberatung.

„Was interessiert Sie eigentlich wirklich im Leben?" Diese schlichte Frage in der ersten Beratungsstunde beantwortet Jeanette P. mit einer Klarheit, über die sie selbst erstaunt ist: Es ist ihr Fachgebiet Chemie und – es sind die Pferde, mit denen sie seit Jahrzehnten ihre Freizeit teilt. Damit ist auch etwas anderes klar: Es sind nicht die Menschen, die sie inspirieren (um Fehlschlüssen vorzubeugen, Jeanette P. hat nicht mehr Probleme im Umgang mit der eigenen Spezies als Jede und Jeder von uns ...).

Ihr Hobby Reitsport betreibt Jeanette P. nicht als „Sonntagsreiterin", sondern mit einem ausgeprägten Engagement für die so genannte „Offenstallhaltung", in der die Tiere sich frei bewegen und so ihrem ursprünglichen Herdeninstinkt folgen können.

Was zunächst wie eine verrückte Idee anmutet, wird zum Interimsjob für Jeanette P.: eine berufliche Aufgabenstellung für sich zu „erfinden", in der die Themen Chemie und Pferd sinnvoll miteinander verknüpft sind und die gleichzeitig eine Existenzgrundlage bietet – wahrlich keine alltägliche Kombination, die in der Form der Selbständigkeit leichter realisierbar scheint. Der Berater macht ihr Mut, am Thema dranzubleiben, und unterstützt sie mit den entscheidenden Fragestellungen:

Passen die Grundhaltung von Jeanette P. zu Sicherheit und Risiko sowie ihre materiellen Rahmenbedingungen überhaupt zu einer Existenz „auf eigenen Beinen"?

Als Unternehmertochter kennt Jeanette P. die Besonderheiten eines Lebens als Selbständige. Schon als kleines Mädchen prägen sie die Gespräche am Abendbrotstisch übers elterliche Geschäft.

Beim Berufseinstieg, hat sie sich damals nicht umsonst für eine feste Anstellung entschieden, weil ihr die „freie Wildbahn" als Anfängerin noch zu gefährlich erschien. Aber heute fühlt sie sich persönlich und fachlich reif genug, um den Sprung zur Unternehmerin zu wagen.

Ihre beiden Jungen studieren noch ein paar Jahre in Straßburg. Das möchte sie weiterhin monatlich mit einem kräftigen Betrag unterstützen, den sie aus ihren Rücklagen decken könnte. Aber die Pferde kosten natürlich. Ansonsten stellt sie keine hohen persönlichen Ansprüche. Fazit: Jeanette P. muss mit ihrem Geschäft das Geld für sich und die Pferde verdienen. Vorinvestitionen wären über ein Gründerdarlehen abzudecken.

In einem Workshop, an dem auch zwei weitere Berater mit „Pferdeverstand" teilnehmen, werden Ideen und Fakten zum Berufsfeld „Pferd" gesammelt, zu Trends in der Pferdehaltung, zu Konsumentenverhalten, zu Verbindungslinien zwischen den Polen Chemie und Hippo. Im nächsten Schritt werden daraus im Mind Mapping-Verfahren mögliche Dienstleistungen und Produkte abgeleitet, Zielgruppen identifiziert, Marktchancen eruiert, ein Marketing- und Finanzierungsplan erstellt.

Am Ende steht ein tragfähiges Konzept für eine selbständige Tätigkeit: Jeanette P. wird ein neues computergesteuertes Futtermittelprogramm auf den Markt bringen, mittels dessen der Verbraucher die Ernährung seiner Pferde maßgeschneidert, physiologisch ausgewogenen und ökologisch wertvoll steuern kann. Der Vertriebsweg sind die Zwischenhändler im Futtermittelbereich. Auf ihrem Gestüt mit Offenstallhaltung, das sie an der deutsch-französischen Grenze erwerben wird, ist ein Labor zur Weiterentwicklung und zum Ausbau des Produkts geplant.

Wer Jeanette P. heute, knapp ein Jahr nachdem die verrückte Idee zum ersten Mal ausgesprochen war, auf ihrer Internet-Seite virtuell besucht, spürt die Kompetenz und das Engagement, mit dem sie ihre Sache vertritt – und erfolgreich vertreibt.

Was können wir von Jeanette P. lernen?

Jeanette P. war eine hervorragende *Spezialistin* auf ihrem Fachgebiet und hatte ihren Verantwortungsbereich fest im Griff. Als Führungskraft wurde sie deshalb von ihren Mitarbeitern sehr geschätzt. Aber mit jeder höheren Karrierestufe kamen weitere „artfremde" Aufgaben auf sie zu, denen sie nicht genügend Aufmerksamkeit schenkte, weil sie deren Sinnhaftigkeit nicht

„Phantasie ist wichtiger als Wissen."
(Albert Einstein)

erkennen konnte. Hier hätte eine bewusst eingesetzte Selbststeuerung von Jeanette P. oder eine intelligente Personalentwicklung des Unternehmens die Krise, die in einer Kündigung endete, verhindern können.

Viele Unternehmen haben inzwischen verstanden, dass das vertikale Aufstiegsgesetz „Wer fachlich gut ist, bekommt mehr Mitarbeiter und wird deshalb befördert" zu menschlich und betriebswirtschaftlich absurden Ergebnissen führt. Sie bieten deshalb zunehmend horizontale Spezialistenkarrieren an und verweisen stolz auf die Fälle, in denen Fachleute mit kleinen Stäben weit mehr verdienen als höhere Führungskräfte mit enormen Führungsspannen.

Wenn jemand sein Hobby zum Beruf machen möchte, verleiht der Zugewinn an Spaß zunächst Flügel. Damit das Vorhaben aber auch in schwierigen Zeiten trägt und auf Dauer in die Zukunft zieht, sollte eine berufliche Botschaft im Wertesystem verankert sein. Für Jeanette P. sind Pferde nicht nur Hobby, sondern Leidenschaft. Sie verbindet mit der Haltung und Aufzucht der Tiere in relativer Freiheit eine Philosophie, die sich von der gängigen Praxis der Boxenhaltung abhebt. Jeanette P. trägt eine unternehmerische Mission in sich.

Jede Geschäftsidee ist nur so gut, wie sie auch marktfähig ist. Bei der Beurteilung der mittelfristigen Erfolgsaussichten eines neuen Produkts spielt die Beurteilung von Trends eine wichtige Rolle. Wir leben in einer Welt, in der sich viele Menschen ein anspruchsvolles Hobby leisten können, das Bedürfnis nach Naturerlebnissen als Gegenpol zu einer technisierten Berufswelt nimmt zu, die Wellness-Welle hat auch die Vierfüßler erreicht. Jeanette P. liegt mit ihrem Angebot also voll im Trend gesellschaftlicher Bedürfnisse.

Jeanette P. hat sich bei der Entwicklung ihrer Geschäftsidee gezielt die Kompetenz verschiedener Berater eingekauft: persönliche Prozessbegleitung, Finanzexpertise, Pferde-Fachwissen, Immobilienmakler, Marketingagentur. Die Inanspruchnahme dieser Experten hat die Vorinvestitionen nicht unwesentlich erhöht. Doch nur damit waren Jeanette P. die professionelle Markteinführung und der schnelle wirtschaftliche Erfolg möglich – die Rechnung ist aufgegangen!

Zugegeben: Die – authentische – Geschichte von Jeanette P. klingt wie ein Märchen, in dem am Ende immer der Tapfere und die Mutige siegen. Natürlich lässt sich Erfolg nicht per Glaube an ihn buchen. Aber Jeanette P. erinnert uns daran, dass wir einen Auftrag in uns tragen, unsere Gaben, Wünsche und Talente in eine Bahn sinnvollen Schaffens zu lenken und damit konstruktiv an der Gestaltung der Welt mitzuwirken. Greifen wir ruhig öfter nach unseren Träumen, holen wir sie in unsere Realität und schauen wir, wie viel Substanz in unserem indianischen Traumnetz hängen geblieben ist. Dem Geschäft schadet das offenbar nicht ...!

Expertentipp

Es gibt eine Erfolgsformel mit drei bekannten Faktoren:

Fachkompetenz
+ Hobby/Leidenschaft
+ Managementerfahrung
―――――――――――――――
= erfolgreiches Unternehmertum

Wissenswert

Man unterscheidet zwischen dem eher *menschen*bezogenen und dem eher *sach*bezogenen Typus. Die meisten Menschen tragen beide Elemente in sich, interessant ist die unterschiedliche Ausprägung. Eine Bewertung dieser Ausprägung ist nicht zulässig, wohl aber sind bestimmte Menschen wegen ihrer stärkeren Sach- oder Beziehungs-Präferenz für die eine Aufgabe mehr als für die andere geeignet. Es ist erstaunlich, wie viele Menschen sich in diesem Punkt anders einschätzen, als ihre Umwelt sie wahrnimmt. Unzufriedenheit bis hin zu Misserfolgen sind damit vorprogrammiert.

Drei goldene Regeln im Prozess „Selbständigkeit":

1. Machen Sie den Risiko-Check, insbesondere hinsichtlich Ihrer unternehmerischen Persönlichkeit.
2. Holen Sie sich kompetente BeraterInnen ins Boot.
3. Erstellen Sie einen Plan B als Sicherheitsnetz.

AKTIONSPLAN

Übergänge – auf zu neuen Ufern

So schaffen Sie eine solide Grundlage für eine berufliche Entscheidung.

Im Folgenden erarbeiten Sie sich Ihren persönlichen „Baum der Berufung". Er gibt Ihnen die nötige Orientierung auf Ihrem Weg zu neuen Ufern. Je offener und kreativer Sie diesen Prozess gestalten, desto mehr Facetten von Ihrer Persönlichkeit können später bei der Wahl Ihrer beruflichen Tätigkeit Beachtung finden.

1. Wo stehen Sie?

Für diese Übung brauchen Sie ein möglichst großes Stück Papier (Packpapier, Tapetenreste oder mehrere DIN-A3-Blätter), verschieden farbige Karten, Filzstifte und einen Haft-Klebestift. Sie können ersatzweise auch mit großen Post-it-Zetteln arbeiten.

So gehen Sie vor:

▶ Malen Sie auf das große Blatt Papier einen Baum mit Wurzeln, Stamm und Ästen.

▶ Die Wurzeln beschreiben Ihre Werte, das heißt die Dinge, deren Verwirklichung für Sie im Beruf von besonderer Wichtigkeit ist, z. B. Eigenständigkeit, Verantwortung, gute Kommunikation, Neues lernen, Geld, Sicherheit. Fragen Sie: „Welche Kriterien müssen erfüllt sein, damit ich mit meinem Beruf zufrieden bin?" Nehmen Sie sich Zeit dafür, denn Ihre Werte sind die Basis für Ihr Handeln. Schreiben Sie die gesammelten Begriffe einzeln auf gleichfarbige Karten. Danach entscheiden Sie, welche dieser Karten so wichtig sind, dass Sie sie mit voller Überzeugung zu den Wurzeln Ihres Baumes erklären wollen. Kleben Sie die ausgewählten Karten danach unten an Ihrem Baum fest.

- Dann wenden Sie sich den Ästen auf der *linken* Seite Ihres Baumes zu. Diese Äste stehen für den IST-Zustand. Geben Sie den Ästen mit unterschiedlichfarbigen Karten jeweils einen Namen. Die Äste stehen für das, worüber Sie verfügen, Ihre Ressourcen: Erfahrung, Fachkompetenz, Methodenkompetenz, Kontakte, Stärken Ihrer Persönlichkeit. Ein weiterer Ast steht für „Gegebenheiten", für Rahmenbedingungen, die Sie gesichert sehen wollen, z. B. wie viel Sie mindestens verdienen müssen, ob Sie mobil sind usw. Es werden Ihnen weitere Oberbegriffe einfallen. Schreiben Sie für jeden Begriff eine Karte. Sie können später entscheiden, welche Karten letztlich Ihre wichtigsten Äste sein werden. Diese Karten kleben Sie jeweils an einen Ast auf der linken Seite Ihres Baumes.
- Nun füllen Sie den Baum mit Blättern, die Sie an die schon beschrifteten Äste hängen. Schreiben Sie alle Begriffe auf Karten in der jeweiligen Farbe des Astes, die Ihnen zu diesem Oberbegriff einfallen, z. B. für den Ast „Stärken" Begriffe wie „Zuverlässigkeit" oder „Flexibilität". Starten Sie wieder ein Brainstorming, bis Sie keine Einfälle mehr haben, und wählen Sie dann die wichtigsten Stichworte aus, um sie fest als Blätter an die jeweiligen Äste zu hängen.

2. Wo wollen Sie hin?

- Auf der *rechten* Seite des Baumes gehen Sie genauso vor wie auf der linken Seite, nur dass Sie jetzt Ihre Ziele, d. h. den SOLL-Zustand benennen. Wie soll Ihr Traumjob aussehen? Finden Sie Oberbegriffe für die Äste, wie „Führungsverantwortung", „Projektarbeit", „Teamarbeit", „hohes Gehalt", „fachliche Herausforderung" usw.
- Auch diese Äste bekommen in der jeweiligen Kartenfarbe Blätter mit Unterbegriffen, z. B. hängen Sie an den Ast „fachliches Weiterkommen" die Blätter „Weiterbildung", „wechselnde Themen" oder „Spezialisierung".

Sie werden erstaunt sein, wie viele Karten schließlich an Ihrem Baum hängen. Finden Sie einen Platz, um den Baum aufzuhängen und legen Sie sich weitere Karten bereit. Sie werden feststellen, dass Ihre Gedanken weiter spazieren gehen und neue Ergebnisse liefern. Tragen Sie die neuen Gedanken dazu. So wird Ihr Baum wachsen.

3. Welche Maßnahmen werden Sie konkret wann ergreifen?

So gehen Sie vor:

Für eine Berufung muss man auf seine eigene Stimme hören. Wenn das Getöse um einen herum zu laut ist, dann wird das nicht gelingen.

- Betrachten Sie Ihren Baum. Welche Eindrücke haben Sie? Welche Gedanken gehen Ihnen durch den Kopf? Es kann sein, dass Sie förmlich angesprungen werden von einem neuen und wichtigen Impuls. Es kann auch sein, dass eine tiefe Erkenntnis in Ihnen wächst.
- Lassen Sie eine Freundin, einen Kollegen oder einen Coach das Bild betrachten und interpretieren. Hören Sie genau hin und rechtfertigen Sie sich nicht. Das ist nicht nötig. Auf welche Gedanken werden Sie durch die andere Betrachtungsweise gebracht?
- Machen Sie sich eine Liste der Ergebnisse: Was ist neu? Was ist wichtig? Welche Herausforderungen lassen sich entdecken? Welche Handlungen sind jetzt notwendig?
- Leiten Sie aus Ihren Ergebnissen ab, welchem Arbeitgeber Sie mit dem, was Sie an Ressourcen und an Erwartungen einbringen, einen Nutzen bringen können.
- Schreiben Sie sich einen konkreten Handlungsplan mit inhaltlichen und zeitlichen Meilensteinen. Legen Sie fest, wer Sie bei der Umsetzung unterstützen könnte.

4. Wann haben Sie Ihr Ziel erreicht?

Sich seiner eigenen Berufung zu stellen und persönliche Träume zuzulassen, gleicht manchmal dem Suchen von Dingen auf dem Dachboden. Sie finden Nützliches, das Sie längst vergessen haben. Sie schmunzeln über sich selbst, weil Sie das Kind in sich erkennen. Sie stoßen auf Wichtiges, dem förmlich der Staub und die Verkrustung abgeklopft werden müssen. Dahinter steht vielleicht das, was Sie wirklich wollen …!

So gehen Sie vor:

▶ Prüfen Sie, ob Sie Ihre Neigungen, Ideen und Träume genügend berücksichtigt haben.

▶ Stellen Sie sicher, dass Ihre konkreten Handlungsweisen tatsächlich in Einklang mit dem stehen, was Sie erreichen wollen.

▶ Entscheiden Sie, ob das Ziel als erreicht angesehen werden kann und welche weiteren Kompetenzen zur Zukunftssicherung aufzubauen sind.

8 Der Weg zu sich selbst

Auf dem Weg zu sich selbst wird jeder Mensch von Erfahrungen geleitet, die eine tief greifende Wirkung auf ihn haben und die ihn nicht mehr so sein lassen, wie er vorher war. Diese Erfahrungen können positiver oder negativer Natur sein. Das Wunder „Leben" führt uns zu vielen starken Erlebnissen, über die eigene Elternschaft oder den Tod eines nahen Angehörigen hin zu den wesentlichen Fragen des Seins. Mehr noch, sie fordern von uns eine neue Einstellung zum Leben und damit einhergehend eine Veränderung unserer Verhaltensmuster.

8.1 Krisen gehören zum Leben

Stress, *Krisen* und *Konflikte* gehören zu den gemeinhin wenig geliebten Phänomenen menschlicher Existenz. Wir scheuen sie und versuchen sie um jeden Preis zu vermeiden. Krisen bauen sich manchmal harmlos anmutend auf oder kündigen sich über die Vorboten eines kleineren Konfliktes oder einer zeitweiligen Störung an. In anderen Fällen zeigen sich Krisen sofort als unausweichliches Hindernis in unserem Leben und erscheinen überraschend und überwältigend. Das Erstaunliche dabei ist: Krisen veranlassen uns zu jenen sprunghaften Entwicklungen, die wir uns für unser Leben sehnlichst wünschen, und gleichzeitig lassen sie unser Leben völlig aus den Fugen geraten, was uns zutiefst verunsichert und erschüttert.

Obwohl Stress, Krisen und Konflikte nicht identisch sind, gehören sie dennoch oft zusammen. So sind Krisen häufig mit chronischen Konflikten verknüpft und lösen bei den beteiligten Personen vielfach Stress aus. Jedoch ist nicht jede Konfliktsituation mit einer Krise identisch und muss auch nicht notwen-

Wissenswert

digerweise Stress auslösen. Schließlich tritt Stress in vielen Situationen auf, die keineswegs das Ausmaß einer Krise annehmen müssen.

Jeder Konflikt findet in einem bestimmten *System* unter einer bestimmten *Kultur* statt, die durch bestimmte Regeln des Umgangs und des Miteinanders geprägt wird. Und auch *Stress*, individuell empfunden, ist immer in einen bestimmten Kontext eingebettet. Diesen Kontext zu erkennen und zu reflektieren, ist die Voraussetzung für ein wirkungsvolles *Stress-, Konflikt- oder Krisenmanagement*. Eine rein vordergründige Problemdefinition ist nicht geeignet, Menschen darauf vorzubereiten, künftig typische Krisen- und Konfliktkonstellationen zu vermeiden.

Mit Krisen umgehen

Probleme und permanente Belastungen setzen den Körper unter Stress, er schüttet die Hormone *Adrenalin* und *Cortisol* aus. Das führt zu einem Ungleichgewicht der physiologischen Funktionen. Die Auslöser dafür sind oft psychosozialer Natur und klingen im Anfangsstadium harmlos: zum Beispiel Zeitdruck, Konkurrenz- und Beziehungsprobleme. Die Grenzen der Wirkung von Problemen von geringer Belastung bis hin zu massiven Symptomen sind jedoch fließend.

Wir wissen, *Symptome* sind immer nur die Spitze des Eisbergs. Das Problem ist, dass wir von außen nicht bestimmen können, wie schwer die Belastung persönlich empfunden wird und welche Ressourcen ein Mensch zur Verfügung hat, um sie zu bewältigen. Wir wissen jedoch, dass zu einem gesunden *Selbstwertgefühl* und damit zur erfolgreichen Bewältigung von Belastungssituationen *soziale Kontakte* gehören. Auf der anderen Seite führen gerade Stress und Konflikte in vielen Fällen zu Rückzug oder Kampf und verhindern damit die Mobilisierung der sozialen Kontakte. Diese beiden Reaktionen entstehen nicht nur spontan aus dieser oder jener Situation heraus, sondern sie sind meist Teil von Verhaltensweisen, die wir als *Überlebensstrategien* in unserem Ursprungsgefüge erlernt haben. Deshalb fällt es uns auch so schwer, uns zu ändern, weil wir diese Verhaltensweisen oft erfolgreich erprobt und somit verinnerlicht haben.

In Konfliktsituationen ist jedoch ein neues Verhalten notwendig. Hirnforscher haben in langen Untersuchungsreihen bewiesen, dass Stress- und Krisenbewältigung durch den Wandel in der Einstellung und der Haltung eines Menschen nachhaltig verbessert werden.

> Prüfen Sie sich selbst: Wie reagiere ich auf den Begriff Krise? Wie denke ich über Krisen? Welche Erfahrungen habe ich zu diesem Thema? Welches Verhalten zeige ich in Stress-, Konflikt- oder Krisensituationen? Empfinde ich diese Situationen als Bedrohung oder eher als Herausforderung? Welche Ergebnisse erziele ich mit meinem Handeln in diesen Situationen?

Expertentipp

Verändern der Muster

Wir haben alles versucht und viele Schleifen gezogen, um eine Änderung zu erreichen. Wir spüren, dass wir uns im Kreis drehen, und das Gefühl der Hilflosigkeit und des Ausgeliefertseins nimmt zu. Am liebsten möchten wir alles hinter uns lassen. Im Grunde wissen wir eines ganz sicher: So kann es nicht weitergehen!

Von einer Krise kann gesprochen werden, wenn wir gezwungen sind, unsere *Denk- und Verhaltensmuster* grundlegend zu ändern, um den Krisenzustand zu überwinden. Manche Menschen fühlen sich durch dieses Gefühl, in einem dunklen Tunnel zu stecken, überfordert. Sie stürzen sich mit aller Kraft und ohne Blick zurück in das unvermeidlich Neue, greifen nach jedem „Strohhalm", nur um diese unvermeidlich bedrängende Situation und die dazu gehörenden Gefühle nicht aushalten zu müssen.

80 Prozent aller alten Menschen bereuen das, was sie im Leben nicht getan haben, nicht das, was sie falsch gemacht haben.

Wissenswert

Verändern der Regeln

Wenn es in unserem Leben „so nicht weitergeht" oder wir immer wieder vor ähnlichen Problemen stehen, gilt es zu prüfen, nach welchen Regeln uns eine Veränderung erlaubt oder verboten erscheint. Halten wir an Verhaltensmustern fest, die sich in der Vergangenheit vielleicht bewährt haben, aber auf die aktuelle Situation nicht mehr passen? Oder halten wir stand, weil eine Veränderung unseres Verhaltens im sozialen System als unzumutbar zu werten ist und entsprechend sanktioniert würde? Bemerken wir, welche Gedanken und Handlungen uns nicht weiterhelfen? Kennen wir unsere Handlungsalternativen?

Nur so, sagen Wissenschaftler, weichen wir die eingefahrenen Verbindungen zwischen unseren Gehirnzellen auf, die unser Denken, Fühlen und Verhalten steuern. Erst wenn es uns gelingt, die alte Lage weniger negativ zu bewerten, eine neue Sicht zu entwickeln und Neues auszuprobieren, werden sich unsere neuronalen Zellen im Gehirn neu verschalten.

Fazit: Krisen verlangen nach einer Veränderung unserer Muster, kognitiv, emotional und im Verhalten!

Expertentipp

Konflikt- und Krisenmuster beschreiben, was regelmäßig und wiederkehrend bei Stress und Konflikten erlebt und wie in Krisen gehandelt wird. Um eine Krise aber erfolgreich zu meistern, müssen der aktuelle Kontext und die derzeitige Lebenslage mit einbezogen werden. Was immer Sie tun:

▶ Wählen Sie einen Perspektivwechsel!
▶ Schlagen Sie einen neuen Weg ein!
▶ Gehen Sie Neuerungen aktiv und konsequent an!

„Ersteige jeden Berg, durchwate jeden Fluss, folge jedem Regenbogen, bis du deinen Traum findest."
(Eleanor Taylor)

Ich schaffe es!

Manchmal ist es schwer zu verstehen, warum jemand in einer Situation aus Angst vor Versagen zusammenbricht, während ein anderer eine vergleichbare Ausgangslage gelassen angeht. Man hat lange angenommen, dass alle Menschen von vergleichbaren *Flucht- bzw. Kampfimpulsen* gesteuert sind. Heute weiß man, dass nicht objektive Ereignisse unser Handeln bestimmen, sondern subjektive Bewertungen. Wer mit Belastungen erfolgreich umgehen kann, hat meist an sich und mit sich gearbeitet und kennt die eigenen Fallen. Dadurch stärkt sich das Selbstvertrauen, und Belastungen werden als handhabbar empfunden (vgl. Ellebracht u. a., 2002).

Daraus ergeben sich *Regeln* zur *Krisenbewältigung:*

▸ Die vergebliche Suche nach Ursachen aufgeben.
▸ Das Ereignis annehmen: „So ist es!"
▸ Die Krise nicht aufschieben.
▸ Die eigenen Gefühle als berechtigt und angemessen bewerten.
▸ Direktheit und Offenheit im Umgang mit anderen üben.
▸ Selbsthilfe den Vorrang geben.
▸ Aktiv nach fremder Unterstützung suchen.

Extremen Belastungen stehen *persönliche Ressourcen* gegenüber, die uns stärken und uns helfen, Belastungen auszuhalten. Stressstabile Menschen verfügen über eine intakte Konstitution. Sie können trotz erheblicher Widrigkeiten ihre persönlichen Kräfte aktivieren und auf diese Weise ihren Selbstwert stärken. Manchmal leisten dabei auch professionelle Helfer, wie Coaches, eine wertvolle Unterstützung. Der Stolz auf eigene Erfahrungen und Kompetenzen trägt in hohem Maße dazu bei, schwierige Situationen und Belastungen zu meistern. Stabilisierend wirken auch gute soziale Beziehungen im Familien- und Freundeskreis, während sich isolierte Menschen unter Belastung weiter zurückziehen und eher einzubrechen drohen.

Wissenswert

Vor diesem Hintergrund raten Experten, viel stärker auf *soziale Unterstützung* zu vertrauen als auf individuelle Stressbewältigung, wie sie in Form von Anti-Stress-Programmen, individuellen Fitnessplänen oder Ausdauersport angepriesen wird. Viel wichtiger ist es, Freundschaften und Beziehungen zu intensivieren. Nur wer ablehnt, sich zu verändern, und keine neue Orientierung findet, muss durch dauerhaften Stress und chronische Konflikte mit ernsthaften Störungen rechnen.

„Verändern Sie Ihr Denken und Sie verändern die Welt."
(Norman Vincent Peale)

Stress lässt sich am besten vorbeugen durch eine gewisse Weichheit, Flexibilität im Denken und die Bereitschaft zum Lernen und Umlernen (Huether, 2000).

Die entscheidende Veränderung erwächst aus der konsequent umgesetzten Haltung, nach der alte, erfolglose Strategien zum persönlichen Nachteil führen: Wer immer wieder gegen die Wand läuft und dennoch seine alten Verhaltensweisen beibehält, kann keinen neuen Level erreichen. Dies gilt nicht nur für das Einzelwesen Mensch, sondern auch für größere Systeme, zum Beispiel Untenehmen.

Umfangreiche Studien zeigen, dass Veränderungsprogramme in Unternehmen häufig nicht an einem Mangel an Beratungs- und Entscheidungsqualität der Experten und Manager scheitern, sondern an der Schwierigkeit, sich ein neues Denken anzueignen (Capital Dossier, 7/2000). So wichtig die anfänglichen Verbesserungen sind, sie stellen noch kein Zeichen für eine nachhaltige Veränderung dar, solange das neue Denken nicht tief in das Gefüge menschlichen Denkens eingegriffen hat. Denn in Stresssituationen verengt sich unsere Wahrnehmung und wir sind uns immer wieder selbst ausgeliefert – wenn wir uns nicht grundlegend geändert haben.

Übung

▶ Kennen Sie Ihre Stressauslöser?
Beschreiben Sie genau, welche Ereignisse bei Ihnen Stress auslösen können:

▶ Kennen Sie die Kontextparameter, die bei Ihnen regelmäßig Stress auslösen?

▶ Sehen Sie bereits Ansätze zur Veränderung, wie Sie den Stress steigern bzw. reduzieren können?

▶ Beschreiben Sie Ihre typischen Verhaltensmuster, die bei Ihnen Stress auslösen:

▸ Welche neuen Gedanken und Gefühle können zur Veränderung beitragen?

▸ Welche Hilfen können Ihre Kräfte und Ihr Selbstvertrauen stärken?

▸ Angenommen, das Ziel einer Verhaltensänderung wäre erreicht, welche Auswirkungen hätte dies für Sie und Ihre Umwelt?

▸ Wie groß ist Ihre Bereitschaft, sich zu ändern?

Die Mischung aus Gelassenheit und Konsequenz

Wir wissen, dass es dem Menschen ungeheuer schwer fällt, sein Grundverhalten zu verändern. Die eigenen Muster zu erkennen und umzustellen, bedeutet eine anstrengende und mühvolle Arbeit an sich selbst, deren Lohn die Anstrengung rechtfertigt: tief greifende Wachstumsprozesse, die uns Krisen erfolgreich durchschreiten oder im Vorfeld verhindern lassen.

Auf unserem Weg dahin brauchen wir ein geschärftes Bewusstsein dafür, wie innere und äußere Kräfte auf unser Vorhaben wirken. Unterstützen sie unser Bemühen oder behindern sie den Fortschritt? Wie können positive Kräfte potenziert werden? Eine wohlwollende Gelassenheit gegenüber sich selbst steht dabei im Wechselspiel mit dem klaren Gefühl für Notwendigkeiten und die Konsequenz im Handeln.

8.2 Beispiele, die Mut machen

„Krise ist ein produktiver Zustand – man muss ihm nur den Beigeschmack der Katastrophe nehmen!"
(Max Frisch)

Wir haben in unserer Beratungstätigkeit viele Menschen in beruflichen Krisen begleitet und dabei immer wieder erlebt, dass Menschen aus dem Zustand der Hoffnungslosigkeit heraus ab einem gewissen Zeitpunkt eine ungeheure Selbsterhaltungskraft mobilisieren können, die sie – gepaart mit dem Mut des Verzweifelten – seelisch wieder an das Tageslicht befördert. Ob behutsam oder eruptionsartig – sie kommen niemals an der gleichen Stelle an, sondern an einem neuen Punkt auf einer höheren Ebene. Für diesen Hub auf dem Weg zu uns selbst benötigen wir die Krise, weil sie uns zu einer Neuausrichtung zwingt. Es ist wirklich so – Krisen sind eine Chance! Machen Sie die Krise zu Ihrem Freund!

Jede Chance kann auch *nicht* wahrgenommen werden: Wenn wir die positiven Seiten der Krise in den Vordergrund stellen, möchten wir gleichwohl nicht unerwähnt lassen, dass Krisen auch als unbezwingbar für den Einzelnen erlebt werden können. So gibt es Menschen, die in der Krise stecken bleiben und in einer Negativspirale immer weiter nach unten gezogen werden; sie bedürfen professioneller Hilfe.

Lassen Sie zum Abschluss dieses Buches Menschen zu Wort kommen, die durch die Krise gegangen sind oder eine andere gravierende Änderung erfahren haben. Wir stellen Ihnen vier Personen vor, die sich über die Veränderung in Ihrem Leben grundlegend selbst verändert haben. Wir haben diese Personen interviewt und geben Ihnen hier Auszüge aus den Gesprächen wieder. Bei den Interviewten, zwei Frauen und zwei Männer, handelt es sich um Führungskräfte, die Mitte Vierzig und älter sind. Die Namen der Personen sind geändert.

„Ich musste selbst die Initiative ergreifen"

Fallbeispiel

„*Der stille, schleichende Prozess dauerte sechs Jahre, bis ich schließlich bemerkte, dass etwas Grundsätzliches nicht stimmte und gezielt gegen mich gemobbt wurde,*" berichtet Herr R. Er hat lange gebraucht, um seine Situation zu verstehen. Nach dem Studium hatte er in einer Bank als Organisator angefangen und sich bis auf die zweite Bereichsebene hochgearbeitet. Die nächste Stufe wäre die Chefetage gewesen.

Wie hat Herr R. seine Situation wahrgenommen und wie hat sie sich ausgewirkt?

„In meiner Funktion als Abteilungsdirektor gehörte es zu meinem Aufgabenbereich, Umstrukturierungen innerhalb der Bank mitzuverantworten. Innerbetriebliche Änderungen, die ich vorgesehen hatte, stießen bei meinen Kollegen der gleichen Ebene nicht immer auf ein freundliches Interesse. Ich eckte häufiger an, und man fing an, hinter meinem Rücken Politik gegen mich, und, was noch schlimmer war, gegen meine Mitarbeiter zu betreiben. Ich suchte das Gespräch mit meiner Geschäftsführung. Erst nach mehrmaligem Nachfragen, es vergingen Monate, war man zu einem Gespräch bereit. Man erklärte mir, dass man nicht glaube, dass ich die nächste anstehende Restrukturierungsphase gemeinsam mit meinen Kollegen „stemmen" könne. Ohne konkrete Lösung und ohne ein konkretes Angebot zur Unterstützung wurde ich aus dem Gespräch entlassen. Den Kollegen war es gelungen mich aus der Firma rauszumobben, für die ich 14 Jahre lang gearbeitet hatte."

Schließlich blieb Herrn R. keine andere Möglichkeit, als selbst die Initiative zu ergreifen. Per Zufall hatte er etwas von Outplacement gehört. Er freundete sich mit der Idee an, sich beruflich zu verändern, und beschloss, gezielt nach einem neuen Job zu suchen. Das Unternehmen erklärte sich letztendlich bereit, die Kosten für die Outplacement-Beratung zu übernehmen.

„Ich will mich verändern, strecken, wachsen"

Fallbeispiel

Frau J. steckt in einer aktuellen beruflichen Krisensituation. Sie hat ihren Berufsweg als Krankenschwester angefangen und ist heute Pflegedienstleiterin eines Krankenhauses. „*Die Gesundheitsreform brachte das ganze Krankenhaus in eine innerbetriebliche Krise. Trotz großer Nähe zur Geschäftsführung und meinen Mitarbeitern gibt es ständig Konflikte in Bezug auf Zukunftsstrategie, Budgetplanung und Management. Es besteht ein regelrechter Machtkampf darüber, wer was zu entscheiden hat.*"

Aus Sicht von Frau J. wird in der momentanen Situation inhaltlich nicht adäquat gehandelt. Mit viel Kraft versucht sie, Fehlentwicklungen zu verhindern, was über ihre eigenen Kräfte hinausgeht. Ihre strategischen Vorschläge und neuen Ideen werden von der Geschäftsführung viel zu selten aufgegriffen und fast nie umgesetzt. Sie ist eben „nur" die Pflegedienstleiterin. In Krisen und wenn etwas schief läuft, erinnert man sich bald an ihre organisatorischen Kompetenzen und bindet sie bei der Problembewältigung wieder ein.

Den klassischen Karriereweg des Studiums von Führungsaufgaben kann sie nicht vorweisen. Sie ist vielmehr durch ihren stark ausgebildeten Drang zu lernen und sich weiterzuentwickeln in immer neue Aufgabenbereiche hineingewachsen. In ihrer gesamten Laufbahn hat sie sich erst einmal schriftlich beworben, da sie sonst bei jedem „Karrieresprung" die Stelle schon sicher hatte, bevor diese überhaupt ausgeschrieben wurde.

Welche Gefühle dominieren bei Frau J. in dieser Phase?

„Ich fühle mich ohnmächtig – benutzt und ausgenutzt. Meine Tätigkeit wird mir zunehmend zu eng. Ich habe weder das Gefühl, dass ich meine Fähigkeiten voll einbringen kann, noch dass diese Fähigkeiten überhaupt richtig wahrgenommen und wertgeschätzt werden. Ich habe viele Dinge bereits gemacht und komme jetzt an einen Punkt, wo ich anderen auf die Füße trete. Ich will mich beruflich weiterentwickeln. Meine aktuelle Situation ist keine Herausforderung mehr für mich, bei der mein Engagement und meine Kreativität gefragt sind. Ich will mich verändern, strecken, wachsen und lernen."

Eine gezielte Laufbahn hat Frau J. nicht im Kopf. In dieser Hinsicht ist sie eher bescheiden. Persönliches Wachstum und eine aktive Lebensgestaltung stehen für sie an erster Stelle.

Frau J. wird aus ihrer beruflichen Situation aussteigen und sich nach einer neuen Herausforderung umschauen: *„Ich glaube daran, dass es mehr Möglichkeiten für Menschen Mitte Vierzig gibt, auch wenn der Ausstieg aus einer gesicherten Anstellung gesellschaftlich oft mit Unverständnis begleitet wird."*

„Wer bin ich, was will ich?"

Fallbeispiel

Herr F. wurde nach zehn Jahren, in denen er die Auslandsgeschäfte seiner Firma leitete, entlassen. Das Unternehmen wurde verkauft. Dieser Umstand entließ ihn in eine 16-monatige Arbeitslosigkeit. Er war bereits über fünfzig und seine Karriere war bis dahin vorbildlich und durchgängig verlaufen. Versuche, eine neue Anstellung zu finden, Bewebungsgespräche, sogar der Schritt in die Selbständigkeit schlugen fehl. Erschwerend kam hinzu, dass immer mehr Leute aus seinem Freundeskreis – eigene Familie hatte er nicht – mit seiner Krisensituation nicht umgehen konnten. Er trennte sich von einigen bisherigen Weggefährten und fühlte sich zunehmend alleine gelassen.

Wie hat Herr F. diese Krise schließlich bewältigen können?

„Nach einem Jahr ohne jegliche Perspektive – den Spaß am Leben und der Geselligkeit hatte ich verloren – zog ich mich zurück in eine Selbstfindungsphase. Ich machte mich unabhängig von meiner Umwelt, um mich selbst neu zu definieren. Dabei beschäftigten mich Fragen wie: Wer bist du eigentlich? Was kannst du? Was hast du aus deinem Leben bisher gemacht? Wo willst du noch hin? Auf wen kannst du bauen? Was hast du für Fähigkeiten, die du bis jetzt vielleicht noch nicht genutzt hast? Daraus entwickelte ich neue Basiswerte für mich, die Bestandteil dessen sein sollten, was auch immer ich in Zukunft anfangen würde."

Ermutigt brach Herr F. zu neuen Ufern auf. Heute arbeitet er sehr erfolgreich in der Wirtschaft als Coach und Berater, sein Schwerpunkt: Manager in der Krise. *„Ich hatte mich mit meiner Krise alleine gefühlt und war mir sicher, dass es viele Menschen in ähnlicher Situation gab, die sich auch alleine fühlten. Die ausschließliche Welt des Erfolgs und das Beschreiben des Erfolgs allein haben für mich nicht mehr gezählt. Ich wollte eine neue Aufgabe, die einen sozialen Aspekt einschloss."*

„Meine Krankheit war mein Befreiungsschlag"

Fallbeispiel

Die Diagnose Krebs hatte Frau G. aus ihrem beruflichen Umfeld gerissen. Sie war erst mit Mitte Vierzig, kinderlos, geschieden und zu diesem Zeitpunkt Projektmanagerin in der Marketingabteilung eines großen Automobilkonzerns. Dem Schock der Nachricht folgten die Operation und die entmutigende Aussicht auf einen neunmonatigen Arbeitsausfall.

Frau G. konnte jedoch früher als erwartet an ihren Arbeitsplatz zurückkehren. Ihre Leistung hatte sich durch diesen Ausfall nicht verändert, sie war eher noch besser geworden. Der durch die Krankheit ausgelöste, radikale Umgang mit sich selbst setzte ein erstaunliches Potenzial an Energie bei Frau G. frei. Sie selbst fühlte sich befähigt und auch ihre Geschäftsleitung traute es ihr zu, zwei Jahre nach ihrer Operation die Stelle als Bereichsleiterin der Marketingabteilung in der Zentrale anzunehmen. Obwohl sie nicht alle operativen Erfahrungen für diese Tätigkeit mitbrachte, meisterte sie die neuen Anforderungen mit großem Engagement und viel Bravour.

Wie konnte Frau G. diese schwere persönliche Krise zur Chance machen und daran – auch beruflich – wachsen?

„Ich empfand es beruflich als Befreiungsschlag. In meiner alten Tätigkeit wäre ich nicht weitergekommen und hatte das Gefühl, dass die Krankheit wie ein Stigma an mir haftete. Jeder dachte, ich könne jederzeit wieder krank werden. Mit dem Arbeitsplatzwechsel ging auch ein örtlicher Wechsel einher. Mein berufliches Selbstbewusstsein ist enorm gewachsen. Durch die Krankheit habe ich mir mehr zugetraut, weil ich dachte, ich habe nicht mehr viel zu verlieren. Die Chance, die sich mir bot, habe ich optimal genutzt und ein berufliches Standing erreicht, welches unter normalen Umständen vielleicht unmöglich gewesen wäre."

„Du kannst den Regenbogen nicht haben, wenn es nicht irgendwo regnet." (Sprichwort der Pueblo-Indianer)

Ähnlich wie bei Herrn F. war es bei Frau G. zu massiven Brüchen im Freundeskreis gekommen. Sie war bis auf drei enge Freunde und das Ärzteteam, das sie behandelte, komplett auf sich alleine gestellt. Durch die Krebserkrankung hat Frau G. eine Grenzerfahrung gemacht, die sie befähigte, Grenzen in anderen Bereichen ebenfalls zu überschreiten.

8.3 Resümee: Krisen machen stark

Ist es eine Ironie des Schicksals? Auf die Frage, wie sie die Krise heute sehen, bewerteten die Befragten ihre Erfahrung als **sehr positiv und wertvoll für ihr weiteres Leben.**

Die Chance, das Leben neu zu ordnen

„Ich achte bewusst mehr auf eine selbstgestaltete Lebensqualität", so Herr F. Für Herrn R. ist es sogar *„eine Wiedergeburt, eine Chance, mein Leben neu zu ordnen. Es hat ein völlig*

neuer Lebensabschnitt für mich begonnen". Auch Frau G. sprach von Wiedergeburt, von *einer Chance, sich und ihr Leben zu verändern.* Sie hat die Krebsdiagnose als Warnsignal akzeptiert: *"Ich dachte, wenn ich jetzt nichts ändere, dann nie. Ich habe heute mehr Lebensfreude und bin zufriedener als je zuvor".* Obwohl Frau J. ihre Krise noch nicht völlig durchstanden hat, ist auch sie sich sicher, dass sie mit einer positiveren Einstellung sich und dem Leben gegenüber aus der Krise hinausgehen wird: *"Jede Krise ist zu meistern, wenn man sie als solche erkennt und daran arbeitet."*

Auffallend war auch, dass mit zunehmenden Alter *Fragen nach der aktiven Lebensgestaltung,* wie *"Wo will ich noch hin in meinem Leben?",* an Bedeutung gewinnen. Dies konzentriert sich nicht allein auf das Berufsleben, sondern erfasst die gesamte Lebenssituation.

Viele Übereinstimmungen gab es auch betreffend der Fragestellung, welche Ratschläge die Befragten anderen in ähnlicher Situation mit auf den Weg geben würden:

Mit sich selbst ins Reine kommen

"Man muss sich auf sich selbst verlassen können. Man kann alles anpacken und leichter ertragen, wenn man mit sich selbst im Reinen ist. Sortiere dich selbst und suche nicht bei anderen, wo die Fehler liegen könnten.", sagt Herr F.

Herr R. rät: *"Schaue zunächst in dich hinein, wer du bist und was du kannst. Es nützt nichts, es nur gedanklich zu verarbeiten, fixiere es schriftlich. Suche dir einen Gesprächspartner, einen Coach oder Freund, dem du vertrauen kannst. Überwinde deine Angst."*

Auch Frau J. rät, sich einen Gesprächspartner oder Coach zu suchen. *"Es hilft auch sehr, sich mit anderen, die sich in ähnlicher Situation befinden oder die eine solche Situation schon durchlebt haben, auszutauschen. Das relativiert manches." "Stelle dich der Herausforderung – egal was es ist!",* meint Frau G.

"Keiner ist weise, der das Dunkel nicht kennt." (Hermann Hesse)

Aktionsplan

Der Weg zu sich selbst

So erkennen Sie die positiven Seiten der Krise und nutzen sie erfolgreich als Chance

Auf den folgenden Seiten analysieren Sie Ihre derzeitige Situation und Ihre Einstellung zu Krisen generell, entwickeln Wege aus einer möglichen Krise und nehmen sich zum Schluss Zeit für eine kritische Rückschau.

1. Wo stehen Sie?

Analysieren Sie Ihre Einstellung zu Krisen. Wenn Sie sich momentan in einer kritischen Situation befinden, fragen Sie sich selbst, welche Faktoren in diesem Zusammenhang bedeutungsvoll für das Entstehen und die Lösung Ihrer Situation sind. Wenn sich Ihre momentane Konstellation nicht krisenhaft darstellt, kann Sie die Auseinandersetzung mit bereits durchlebten Tiefen wachsam vor neuen schwierigen Lebensphasen machen.

Wir stellen Ihnen hier die gleichen Fragen, die wir auch den Menschen gestellt haben, deren Antworten Sie in der Interviewauswertung gelesen haben:

▸ Welche entscheidenden Veränderungen, die sich nachhaltig auf Ihren Beruf ausgewirkt haben, haben Sie in Ihrem Leben bereits erfahren?

_____
_____

▸ Wie haben Sie die Krise wahrgenommen? Wie hat sie sich ausgewirkt?

_____
_____

▶ Was/wer hat Ihnen geholfen, diese Krise als Ihre aktuelle Lebenssituation anzunehmen?

_____
_____

▶ Beschreiben Sie Ihre aktuelle Situation unter dem Aspekt „Krise".

_____
_____

2. Wo wollen Sie hin?

▶ Setzen Sie sich die Bewältigung Ihrer Krise als Ziel, nachdem Sie geprüft haben, ob Sie Ihre Situation auch tatsächlich ändern wollen.

_____
_____

▶ Visualisieren Sie sich selbst als die Person, welche die Krise bereits überwunden hat und nun in einer ausbalancierten, zufriedenen Situation lebt.

_____
_____

3. Welche Maßnahmen sind zu ergreifen?

▶ Welche Veränderungen haben Sie bereits eingeleitet, um aus der Talfahrt herauszukommen?

_____
_____

▶ Was/wer kann Ihnen bei der Bewältigung Ihrer Situation am meisten helfen? Wer kommt als GesprächspartnerIn oder Coach in Betracht?

_____
_____

▶ Was/wer behindert oder belastet Sie bei der Bewältigung Ihrer Situation?
___
___

▶ Welche Veränderungen müssen geschehen? Was genau soll sich verändern?
___
___

4. Wenn Sie Ihr Ziel erreicht haben

Visualisieren Sie sich nochmals als die Person, die die Krise überwunden hat. Prüfen Sie für sich:

▶ Wie wird sich die Veränderung auf andere Lebensbereiche auswirken?
___
___

▶ Aus Ihrer Erfahrung: Stimmen Sie der in Amerika weit verbreiteten Auffassung zu, nach der eine bewältigte berufliche Krise als wesentliche Voraussetzung für eine erfolgreiche Karriere angesehen wird?
___
___

▶ Was würde sich an Ihrem Vorgehen ändern, wenn Sie den Ratschlägen unserer GesprächspartnerInnen folgen?
___
___

Liebe Leserinnen, liebe Leser,

je intensiver wir uns mit dem Thema der Manager ab 45 beschäftigt haben, desto deutlicher ist uns bewusst geworden, welche Stärke in der Erfahrung dieser Generation liegt. Unser Buch ist aus dieser Überzeugung heraus entstanden und hat damit – zusätzlich zu dem Nutzen, den wir jeder Einzelnen und jedem Einzelnen von Ihnen erbringen wollen – auch eine wirtschafts- und gesellschaftspolitische Botschaft: Der Umgang mit dem kostbaren Potenzial der erfahrenen Jahrgänge muss im Arbeitsleben aus Respekt vor dem Individuum und zum Wohle der Gemeinschaft deutlich verantwortungsvoller werden.

An dieser Stelle gilt es Dank zu sagen: unseren InterviewpartnerInnen für ihre offenen Bereitschaft, uns mit ihrer Erfahrung bei diesem Buch zu unterstützen; unseren Kunden und Kollegen für ihre Bereicherung unseres Wissens. Erwähnt werden soll die wertvolle Unterstützung von Nathalie Fino, die im Hintergrund unsere Arbeit tatkräftig begleitet hat, Interviews führte und Ergebnisse zusammentrug und natürlich all denen, die mit Rat und Tat zur Entstehung dieses Buches beigetragen haben.

Ihnen, liebe Leserinnen und Leser, mögen der Mut, die Kraft und die Freude an der Arbeit mit sich selbst zur Seite stehen, wenn Sie Ihre beruflichen Erfolgsperspektiven realisieren. Nehmen Sie dieses Buch als Anregung auf Ihrem Weg zu sich selbst!

Gisela Osterhold und *Susanne T. Hansen*

Literatur

Adams, J.: in: Robert W. Weisberg, Kreativität und Begabung (Spektrum der Wissenschaft 1984) S. 84-85
Baltes, P.B.: Alter hat Zukunft (in: Die Zeit Nr. 35, 1996)
Bettermann, S.: Management by Machtgier (in: Focus Nr. 20, 1999)
Bolles, R.N.: Durchstarten zum Traumjob (campus 2002)
Capra, F.: Lebensnetz (Scherz Verlag 1996) S. 98-101
Doehlemann, M.: Absteiger, Die Kunst des Verlierens (Suhrkamp 1996) S. 29
Ellebracht, Lenz, Osterhold, Schäfer: Systemische Organisations- und Unternehmensberatung (Gabler 2002)
Fischer, Sattelberger, Then: Wege zur Selbst GmbH, 1999
Fopp, L., Schiessl, J.C.: Business Change als neue Management-Disziplin, (Campus Verlag 1999) S.13-17
Freyermuth, G.S.: Rente mit neunzig (in: Financial Times Deutschland Nr. 06, 3/2000)
Fuchs, J.: Die neue Art Karriere im schlanken Unternehmen (in: Havard Businessmanager 4/1999)
Guntern, G.: Sieben goldene Regeln der Kreativitätsförderung (Scalo Verlag AG 1994) S. 8
Hoff, E.: Frühes Erwachsenenalter: Arbeitsbiographie und Persönlichkeitsentwicklung (in: Oeter/Montada, Entwicklungspsychologie, 4. Aufl., Psychologie Verlagsunion 1998) S. 432
Horx, M.: Die acht Sphären der Zukunft (Signum-Verlag 1999)
Huether, G.: Auf unsere Lernbereitschaft kommt es an (Capital Dossier 7/2000, S. 130 ff.)
Kayser, F., Uepping, H. (Hrsg.): Kompetenz der Erfahrung (Luchterhand 1997)
Keiner, Macé,Theobold: Wir sind, woran wir uns erinnern (in: Psychologie Heute 3/2000)
Kohn, M.L.: Cross-National Research as an Analytic Strategy, American Sociological Review (in: Oeter/Montada, Entwicklungspsychologie, 4. Aufl., Psychologie Verlagsunion 1998) S. 426
Küstenmacher, W.: Simplify your Life (campus 2002)
Lenz, Ellebracht, Osterhold: Vom Chef zum Coach (Gabler 1998)
Lenz, Ellebracht, Osterhold: Erstarrte Beziehungen – Heilendes Chaos (Herder 1985)

Marks, Newman, Onawola: Children's View of Aging (CVOA) (in: Oeter/Montada, Entwicklungspsychologie, 4. Aufl., Psychologie Verlagsunion 1998) S. 450

Naisbitt, J.: High Tech – High Touch (Signum-Verlag 1999)

Opaschowski, H.: in: B. Zander, Lasst die Alten doch arbeiten (Stern Nr. 44, 1999)

Osterhold, G.: Veränderungsmanagement (Gabler 2002, 2. Auflage)

Schmidt, S./Uepping, H.: Erfahrung für den Erfolg nutzen (in: BANK MAGAZIN 9/99, S. 74 ff.)

Simon, Kucher & Partners, Bonn: Unternehmenskultur – Corporate Culture (Frankfurter Allgemeine Zeitung, Ausgabe J. 1999)

Trout, J., Rivkin, St.: Die Macht des Einzelnen (Ueberreuter Manager Edition 2002)

Walter, H.: Das Alter leben (Wissenschaftliche Buchgesellschaft 1995) S. 40–42, 126

Weinert, F.E.: in: Walter, H., Das Alter leben (Wissenschaftliche Buchgesellschaft 1995) S. 183

Wheatly, M.J.: Quantensprung der Führungskunst (Rowohlt Verlag GmbH 1997) S.116

Willi, J.: in: U. Nuber, Das Ende des Ich-Kults? (Psychologie Heute 6/1993)

Stichwortverzeichnis

Adlerposition 33
Akquise 128
Ambiguitätskompetenz 75
Ambition 56
Angst 135
Angst vor Verlust 135
Anzeige 126
Arbeitgeberwechsel 150
Aufrichtigkeit 78
Authentizität 92, 117

Bewusstsein 8
Beziehungen gestalten 128
Beziehungsfähigkeit 78
Botschaft 125

Chancen 154
Change Agent 92
Chaos 18

Denken in kurzen Zeiträumen 20
Denkmuster 167

Eindeutigkeit 31
Eisbär 137
Emotionale Intelligenz 73
Erfahrung 18
Erfolg 75
Erfolgreiches Lebenskonzept 31
Erfolgsdruck 21
Erinnerung 19

Fallen 109
Feedback 33, 65, 66, 121
Feuerleiter 138
Flexibilität 37
Fluchtimpulse 168
Frauen 151
Fremdbestimmung 58
Fremdbild 65
Führen im Veränderungsprozess 77

Gelassenheit 171
Gesetz der Endlichkeit 55
Gleichzeitigkeit des Gegensätzlichen 75
Grenzen 57

Ich-Kult 48
Identifikation 149
Identitätsfindung 118
Informationstechnologie 96
Initiative 173
Innovation 75
Intuition 74
IT-Test 101

Job enrichment 135, 138, 142
Jobwechsel 142

Kampfimpulse 168
Karriereweg 37
Kinder 30
Kompensation 99, 126
Kompetenz 8, 55, 71, 72, 86, 87
Kompetenzfelder 72, 73
Kompetenzprofil 85, 87
Konflikte 165
Konsequenz 171
Kontakt-Training 130
Krankheit 175
Kreativität 31, 59–61, 67, 75
Kreativitätsblockade 63
Krise 144, 165, 166
– einer allein erziehenden Mutter 44
– infolge eines Karriereknicks 40
– nach Rückkehr aus dem Ausland 38
– nach Wegfall des Arbeitsbereichs 42

Krisenbewältigung 169
Krisenmanagement 42
Kultur 57
Kurzfristigkeit 21

Laufrad 28
Leadership 78
Lebenserfahrung 24
Lebensumbruch 37
Leistungsfähigkeit 7, 37, 51
Lernen 79
Lernpartnerschaften 79
Life-Story 145
Loyalität 83, 115

Marke 116
Markenprofil 125
Marktanalyse 126
Mentale Kompetenz 73
Metakommunikation 32
Multistabilität 75, 76
Musterunterbrechung 80

Netzwerk 81, 147
Neuanfang 43
neues Bewusstsein 55, 67

Opferfalle 29
Optimistische Lebenseinstellung 29
Outplacement-Berater 150

PC 94, 95
persönliche Philosophie 114
persönliche Ressourcen 169
persönliche Unternehmenskultur 56, 58
persönlicher Marketingplan 117
persönliches Wachstum 37
Persönlichkeit 23, 116, 117, 155
Persönlichkeitsentwicklung 38
Phasenübergang 34
Portfolio-Analyse 120

positives Denken 31
Profilierung 120

Rahmenbedingungen 104
Risiken 154
Risiko-Check 124
Risikogruppe 22

Schere im Kopf 19
Schwächen 154
Selbständigkeit 10, 151, 159
Selbstbild 65
Selbstdarstellung 125
Selbsteinschätzung 64
Selbsterkenntnis 32, 33
Selbstmanagement 78
Selbstmarketing 9, 113, 117, 132
Selbstorganisation 25
Selbstreferenz 32
Selbstunternehmertum 115
Selbstwertgefühl 147, 166
Sicherheit 123
Soziale Kompetenz 73
Sozialisation 115
Stärken 154
Stärken-Schwächen-Analyse 120
Stellenanzeigen 83
Stress 165
SWOP-Modell 154
SWOT-Modell 154
Symbolhaftes Verhalten 92
Systemisches Denken und Handeln 26

Trainingsplan 121
Traumjob 144
Trend 21
Treue zu sich selbst 28
Triebfeder 17

Übergänge 10, 135, 160
Übergangsphase 18
Unternehmenskultur 59, 92

Veränderungen in der Arbeitswelt 82
Veränderungsfähigkeit 78
Veränderungskompetenz 73
Verantwortung 29
Verhaltenskodex 129
Verhaltensmuster 27, 51, 167
Vertrauen 78

Wandel 23
Werteträger 92
Wissen 23
Work-Life-Balance 81

Ziel 69, 93
Zukunftsgestaltung 30
Zukunftsplanung 16
Zweifel 29, 30

Die Autorinnen

Gisela Osterhold (Jahrgang 1950) ist Geschäftsführerin der Unternehmensberatung *osterhold, ellebracht, lenz, schäfer + partner – das eurosysteam*. Sie berät seit vielen Jahren nationale und internationale Unternehmen im Prozess des Change-Management und hat mehrere erfolgreiche Bücher zu diesem Thema veröffentlicht. Darüber hinaus engagiert sie sich im Bereich der Fortbildung von Beratern und Führungskräften in systemischem Denken und Handeln.

„*Wenn es darum geht, neue Wege zu beschreiten, ist das Wichtigste die Vision. Mit Enthusiasmus und Leidenschaft gilt es, sie zu finden, zu ergreifen, mitzuteilen und aufzubauen.*"

Susanne T. Hansen (Jahrgang 1955) verfügt über langjährige Führungserfahrung im Personalmanagement eines internationalen Finanz-Konzerns. Vor einigen Jahren gründete sie die Unternehmensberatung *Exist Personalstrategien*, die renommierte Unternehmen wirkungsvoll in Veränderunsprozessen begleitet. Sie ist ein gefragter Coach von Firmen und deren Führungskräften im Zuge von Umstrukturierungen.

„*Gut und beständig ist nur, was Menschen aus sich selbst heraus entwickeln. Unsere Aufgabe ist es, den Rahmen dafür zu schaffen, dass sie Verantwortung für das eigene Tun und Lassen übernehmen können.*"

Gigabytes für Ihren Erfolg

Ethik für Führungskräfte: fundiert und praktisch umsetzbar

Der Autor richtet sich an die vielen flexiblen mittleren Führungskräfte und Unternehmer, die die vielfältigen Wirklichkeiten einer Entscheidungssituation erkennen und annehmen, um engagiert und effektiv zu beständigem Erfolg zu kommen. Er liefert eine Führungsvision, die nicht nur abstrakt inspiriert, sondern auch umsetzbar ist.. Mit insgesamt 150 Fallbeispielen. Ein Bestseller in den USA.

Joseph L. Badaracco
Lautlos führen
Richtig entscheiden im Tagesgeschäft
2002. 195 S. Geb. € 36,00
ISBN 3-409-12068-8

Handfeste Methoden statt leere Versprechungen der Gurus

Nur Persönlichkeiten haben Erfolg. Deshalb versprechen viele Gurus, aus unsicheren Managern mit vielerlei Rezepturen Persönlichkeiten zu machen. Doch was dabei herauskommt, sind Marionetten.

Holger Rust
Zurück zur Vernunft
Wenn Gurus, Powertrainer und Trendforscher nicht mehr weiterhelfen
2002. 232 S. Geb. € 29,90
ISBN 3-409-12069-6

Neue Spielregeln eröffnen neue Märkte in einer vernetzten Welt

Am Beispiel Deutschlands räumt Insider Thomas Anderer auf mit Vorurteilen, Missverständnissen und falscher Häme gegenüber der New Economy. Er zeigt auf, wo die Potenziale am Markt von morgen liegen und welche Fehler der Vergangenheit vermieden werden müssen.

Thomas Anderer
Das Phönix-Phänomen
Die Entwicklung der New Economy in Deutschland und was Sie daraus lernen können
2002. 224 S. Geb. € 34,90
ISBN 3-409-11930-2

Änderungen vorbehalten. Stand: Oktober 2002.
Erhältlich im Buchhandel oder beim Verlag.

Gabler Verlag · Abraham-Lincoln-Str. 46 · 65189 Wiesbaden · www.gabler.de

Schließlich ist es Ihre Karriere

Sicher und gezielt zum „Ja!" in Verhandlungen

„*Durchbruch zum Ja!*' ist ein gelungener Mix aus strategischen Elementen und humorvollen Beispielen aus der Praxis. Dieses How-to-Buch ist ein Muss für alle, die täglich Verhandlungen führen."
Uwe Heddendorp, Geschäftsführer AOL Deutschland

Günter Greff
Durchbruch zum „Ja!"
13 Erfolgsstrategien für Ihren Verhandlungsabschluss
2002. 203 S. Geb. € 29,90
ISBN 3-409-11690-7

Führungswissen: kompakt, strukturiert und anschaulich

Die Autorin zeigt, dass erfolgreiche Prozesse im Unternehmen maßgeblich von bewusstem und konsequentem Verhalten der Führungskräfte abhängen und wie wirkungsvolle Führung zu erreichen ist.
Die Persönlichkeit wird nach innen, im Verhältnis zu anderen und in vernetzten Systemen analysiert. Mit vielen Illustrationen, Checklisten und Übungen.

Gudrun A. Markmann
Erfolgsfaktor ICH
Die neue Lust am Führen
2002. 203 S. Geb. € 29,90
ISBN 3-409-11924-8

Mit klaren Botschaften fesseln und überzeugen

Der Autor zeigt, wie eine überzeugende Rede aufgebaut wird. Den Umgang mit Lampenfieber behandelt er ebenso wie Botschaft, Dramaturgie und roten Faden. Anschaulich, nachvollziehbar und leicht verständlich spricht er seine Leser an. Mit Redemustern und nützlichen Hinweisen zur sprachlichen Gestaltung.

Bernd-Wolfgang Lubbers
Das etwas andere Rhetorik-Training
oder "Frösche können nicht fliegen"
2002. 214 S. Geb. € 29,90
ISBN 3-409-11955-8

Änderungen vorbehalten. Stand: Oktober 2002.
Erhältlich im Buchhandel oder beim Verlag.

Gabler Verlag · Abraham-Lincoln-Str. 46 · 65189 Wiesbaden · www.gabler.de

MIX
Papier aus verantwortungsvollen Quellen
Paper from responsible sources
FSC® C105338

If you have any concerns about our products,
you can contact us on
ProductSafety@springernature.com

In case Publisher is established outside the EU,
the EU authorized representative is:
**Springer Nature Customer Service Center GmbH
Europaplatz 3, 69115 Heidelberg, Germany**

Printed by Libri Plureos GmbH
in Hamburg, Germany